PRGR

PRGR

Orobia

PRGR
SATO

慶應大学法学部卒女子プロが教える
ゴルフ「脳内整理」メキメキ上達術

女子プロゴルファー　永野千秋

慶應大学法学部卒女子プロが教える
ゴルフ「脳内整理」メキメキ上達術／目次

はじめに

こんにちは。プロゴルファーの永野千秋です。

「なんだろう、このタイトルは？　こんなプロゴルファーもいるんだ」この本を手に取ってくださった方は不思議に思われたかもしれません。

確かに慶應大学卒業の女子プロゴルファーは多くありません。でも注目していただきたいのはそこではありません。大学からゴルフを始めた私は、プロゴルファーを目指していたわけではなく、卒業後、一般企業に就職しました。ところが、1年で会社を辞めてプロゴルファーを目指したのです。こうした経歴は、女子プロゴルファーの中では異質です。

ジュニア時代から注目され、プロテスト合格後、トーナメントで活躍する選手がエリートの道を歩んでいるとするならば、私のゴルフ人生はエリートとはかけ離れたものです。

幼い頃から体を動かすことが好きで、大人になったらゴルフをしたい！　という憧れをもって大学のゴルフ部に入部し、２年生からレギュラーメンバーには選ばれたものの、個人戦で全国的な目立った成績を出したことはなく、最終学年では就職活動と両立ができず、ゴルフをやりきれなかったことを後悔したまま就職。その想いが会社を辞めてプロを目指すというとんでもない決断をさせ、さらに遠回りするようないばらの道を歩むこととなりました。

三十路に入り、晴れてプロテストに合格した私を待っていたものは、プロという粒ぞろいの集団でした。

３年目にステップアップツアーで優勝したものの、レギュラーツアーの壁は厚く、試行錯誤を繰り返す日々。

そんな中、先輩の勧めに加え、自分のゴルフを見つめ直したいという思いもあり、３年をかけてＪＬＰＧＡ（日本女子プロゴルフ協会）のティーチング資格Ａ級を取得しました。

改めてゴルフというものを勉強したときに、基本の大切さを強く感じました。

そして、最も衝撃を受けたことはアドレスやグリップの基本の構えがいかに大事かということです。

アドレスやグリップの根本的な修正を行う場合は、いつも大きな違和感との戦いになります。その違和感を克服して、自然に構えられるようになるまでは、辛抱強く練習しなければなりません。そういう私も、恥ずかしながら基本の構えをないがしろにして、クラブの動かし方や体の使い方ばかりを気にしていたように思います。なぜならば、それが一番自分にとって心地よく、私の自然体だと思っていたからです。

後で詳しく触れますが、ゴルフにとても大事なグリップやアドレスには、「こう構えたらクラブを上げて下ろしても元の位置に戻りやすい」といったことをシンプルにできるように、理にかなった基本形があるのです。その基本形ができると、スイングが実にオートマチックに動いていくことにハッとさせられました。

私もアマチュア時代からプロアマ問わず様々な指導者の方々にお世話になってきました。今になって、その時いわれていたことの意味が理解できることもありますし、結果がすぐに出なくても、もう少し辛抱強くやっていればよかったと思うことも少なくありません。

今、多くのゴルファーのお悩みを聞くと、選手のときにはわからなかったことがとてもよく理解できるようになってきました。

私はプロの世界では遅い18歳という年齢からゴルフを始め、幼い子どもが感覚的に上手に体を動かしているのとは違い、頭では理解しているのに体が思うように動かないこともたくさん経験しました。

いろいろな情報をかき集め、片っ端から試し、いわゆる〝頭でっかち〟になっていた時期もありました。

「ゴルフって、うまくなるのになぜこんなに時間がかかるのだろう?」

そんな試行錯誤をしたこと、回り道をしたことが今、ティーチングをする私にとっては大きな財産となっています。

失敗を沢山してきた私だからこそ、声を大にして言いたいことがあります。それは「基本」の大切さです。

悩んだときこそ、基本に帰ることがとても大事なのです。

そのためには、詰め込み過ぎた〝上達するための情報〟をきちんと整理することも必要だと思います。

「かけ算九九」ができなければ「因数分解」ができないように、ゴルフも基本ができていなければ、そこを飛び越えて次の段階に進むことはとても難しいのです。

ゴルフに関する情報を「脳内整理」をしたうえで、あらためて「基本」を見つめ直してはいかがでしょうか。

本著では、グリップを含めた「セットアップの基本」をおさらいし、「スイングの基本動作」を小さな動きから大きな動きにつなげて、できるだけシンプルに考え、基本から応用に活かせるところまでお手伝いしたいと思います。

さらに、ゴルフのスコアメイクの約65%を占める「パッティング」や、アプローチなどの「ショートゲーム」を特に重点的に取り上げたいと思います。ショートゲームが得意になれば、間違いなくスコアアップは可能です。

斬新な理論ではなく、少々地味かもしれませんが、自転車に乗れるようになった人が、何年振りかでも乗ることができるように、ゴルフも基本がしっかりできていれば、ブランクがあっても大丈夫です。

うまくなるのにお金も時間もかかるからやりたくない、体が思うように動かないので嫌になってきた、とゴルフをあきらめてしまう方々を少しでも減らすことが、プロゴルファーとしての使命でもあると思います。

そして、ライバルに気付かれることなくうまくなるための秘訣や限りある練習時間を有効に使えるような秘策、皆さんの「ゴルフライフ」が楽しくなるようなヒラメキをお伝えできればと思います。

書籍というこちらからの一方的なコミュニケーションツールではありますが、この本に興味を示してくださった方が、私のような〝回り道〟をせずに、悩める子羊とならないよう、少しでも「脳内整理」のお手伝いができれば幸いです。

序章　プロローグ

大学時代からこんなに変わったゴルフ事情

女子プロゴルファーには家族（特に父親）の影響でゴルフを始めた人が多いようです。私の場合も父親がゴルフ好きで、幼いころからゴルフの存在は知っていましたが、ゴルフは〝大人のスポーツ〟というイメージがあり、高校時代まではスキーやバレーボールを中心にゴルフ以外のスポーツに取り組みました。

大学に入ったときに、幼なじみの先輩がゴルフ部にいたこともあり、スキー部とどちらにしようか迷った挙句、スキー部はクロスカントリーもやらなければいけないということであきらめ、ゴルフ部に入ったのです。

慶應義塾大学の女子ゴルフ部は、１９５２年に国内大学最初のゴルフ部として誕生しました。強豪校のゴルフ部がセレクションで有力な選手を集める中、推薦選手は採らず、部員の中には大学からゴルフを始める人も多く、４年間学業とゴルフの両立を目指します。

その中にはゴルフの魅力に取りつかれ、卒業後にプロを目指したり、ゴルフ関係の仕事に就いたり、またアマチュアゴルファーとして競技ゴルフを続けている方もいらっしゃいます。

現在、我が大学出身のＪＬＰＧＡのプロフェッショナル会員は私を含め４名、ティーチングプロフェッショナル会員は1名おります。プロフェッショナル会員の先輩方はいずれもティーチング資格のＡ級を取得し、日ごろから多くのアマチュアの指導にあたっていらっしゃいます。勉強熱心な先輩方がいることは、私にとってもたいへん刺激のあることですし、ゴルファーとしてはもちろん、指導者のお手本として見習うべき点も多く、本当に有難いことです。

しかし、我が校のゴルフ部はプロを目指すためのゴルフ部ではなく、私もゴルフ部時代に特にプロを目指したわけでもないので、自分でトライ&エラーを繰り返してきました。現在アマチュアの皆さんを指導するにあたって気持ちの共有という点では、その苦い経験が大いに役立っていると言えます。

また、学業とゴルフの両立が前提で、授業への出席や試験勉強、就職活動など、一応人並みにしておりましたので、他大学の選手よりもゴルフの時間が取れない悔しさも経験しました。

私がゴルフを始めたころはバブル経済真っ只中で、練習場は混み混み、コースも学生ゴルファーはかなり遠くのゴルフ場まで行かないとプレーできないような状況でした。現在のゴルフ人口の減少は残念な問題ですが、練習のしやすさは、以前とは比べ物にならないくらいよくなりました。

道具であるクラブの進化も目覚ましいものがありました。ゴルフを始めた頃はパーシモンヘッドのウッドを使いましたが、すぐにメタルヘッド、研修生時代からはチタンヘッドというように変化し、クラブのヘッドもどんどん大型化していきました。同時に、重さもどんどん軽くなって振りやすくなり、ボールの種類も変わり、クラブの進化と相まってボールも飛ぶようになり、ゴルフが易しくなりました。

「スイング論」もハイスピードカメラなど映像の進化もあり、今までの感覚的要素に客観的要素が加わり、解明されてきたことがたくさんあります。

また、海外でティーチングの勉強をした指導者も増え、ビデオや練習器具を使い工夫された練習法も取り入れられるようになりました。体の動かし方の観点から、ゴルフに役立つストレッチやトレーニングの重要性も叫ばれるようになり、ゴルフレッスンの情報を得ようと思えば、苦労しなくても入手できる時代となりました。

もちろん、本人の考え方ややる気に左右されますが、上達できる条件は以前よりも格段に整っていると思います。

私の大学時代に今のような環境があったら……。もう少しゴルフの上達の速度は上がっていたかもしれません。でも、そのときなかなかうまくいかなかったからこそ、ゴルフの魅力に取りつかれ、プロを目指すまでにのめりこんでいってしまったのでしょう。

トラック1台分のボールを打たないと上手くならない？

「トラック1台分のボールを打たないと上手くなりませんか？」

この質問を受けたプロは多いと思います。ある意味正解であり、ある意味不正解だと私は思います。

もちろんプロになる人はそれを生業としているのですから、死に物狂いで練習してきたので、間違いなくそれくらいの球数は打っています。

しかし、やはり量よりも質であることは間違いありません。限られた時間の中で上達しようと思っている皆さんならなおさらです。

そして、ゴルフによって体のどこかを痛めない、ケガをしないということも、楽しく上達するためにはとても大事なことです。

ここで私の苦い経験を振り返ってみます。

ゴルフを始める前はバレーボールやスキーをやっていて、運動神経はかなりよいほうでした。ゴルフを始めたときも、最初は上達が早かったように記憶しています。しかしながら、問題はその後です。

器用であるがゆえに、ゴルフでもいろいろな情報を取り入れすぎて、かえって遠回りをしてしまうことがよくありました。練習はたくさんするのでそれらしきスイングはできるのですが、情報に振り回されて肝心な基本を疎かにしていたので、好不調の波が大きかったのです。

持ち前の運動神経がかえって邪魔をして、今までやってきたスポーツの中で上達の速度は明らかに一番遅いように感じました。

女子プロゴルファーの中にも、他の競技で全国レベルの運動神経の持ち主もいますが、それとは逆にゴルフ以外のスポーツは全くダメという人もいます。運動神経がよいと自負されている方、ゴルフではその運動神経が必ずしも上達の速度と比例するとは限りません。〝器用貧乏〟にならないよう「脳内整理」をして基本をしっかり身につけましょう。

まずは意識改革

本著を手にしていただいたゴルファーの方は、少しでも上達したいとお考えの方だと思います。ゴルフ専門雑誌を読み、インターネット上に溢れるレッスン動画も丹念にご覧になっているかもしれません。もちろん時間が許す限り、練習場に足を運ばれている方もいらっしゃると思います。

では、その練習場でテーマを持って練習をしている方はどれくらいいらっしゃるでしょうか。

練習場でスティックを目標方向に向けて置きながら練習している方を見かけることがあります。アライメント（方向）を定めるにはとても良い練習だと思います。

でも、多くの方は得意なクラブで何十球に1発出るか出ないかのナイスショットのために、肩を回す、体重移動を意識するなどいろいろ取り組んでみて、ある程度落ち着いたところで満足、当たらなくなったらイメージが悪くなるから早々に切り上げる、あるいは、巷間に溢れるレッスン情報でよさそうなものをとっかえひっかえ試してみる――。こんな感じではないでしょうか。

もし、練習場に行き、ボールの行方に一喜一憂し、上手に打つことの爽快感を求めていらっしゃるのなら、残念ながらコースに行ってもスコアアップは期待できません。

なぜならば、ゴルフの練習は『いつも同じことができるようになるための練習』だからです。

こう説明すれば、運動神経のよい人が必ずしもゴルフがうまくなるとは限らないことが理解できますよね。他のことが少々鈍くても、ゴルフではいつも同じことが当たり前のようにできればよいのですから。

プロのトーナメントの記録には「賞金ランキング」の他に、スタッツと呼ばれる「平均ストローク数」や「パッティング数」「パーセーブ率」「リカバリー率」「ドライビングディスタンス」など様々な項目のランキングがあります。プロは自分の弱点をこれによって見出し、その確率を上げるためにはどのようにしたらよいかを常に考えています。もちろん、その時々での課題の練習はしますが、コースでは当たり前のことが当たり前にできるような練習を繰り返します。この反復練習こそが、緊張した場面や厳しい条件でもコースで生きるのです。

〝スイングマシーンを目指せ！〟とは言いませんが、大切なのは感性に頼りすぎたスイングではなく、基本を見つめ直して、単純なスイングを繰り返し行うこと。その単純なスイングができるようになってこそ、ラウンドで起こる様々な条件に応用が利くようになるのです。

ピアノのレッスンに例えてみるとわかりやすいでしょう。

ピアノのレッスンではいきなり曲を弾く練習はしないですよね。音階を繰り返し弾く基本的な練習で指使いを覚えながら、左手だけ、右手だけでそれぞれ練習して、初めて両手で合わせてみる。そんな反復練習を繰り返し行い、その上で各レベルにあった曲を練習していきます。

ゴルフも同じです。自宅でシャドースイングをしたり、練習場で反復練習をしたり——そんな少しつまらなくなってしまうような練習こそがとても大事なのです。そのような基本練習の成果が初めてコースで生かされるようになるのです。

ゴルフのラウンドでは様々な状況に出くわします。ペナルティエリアが気になるショット、花道からの比較的易しいアプローチショット、マウンドをいくつも越えなければならない難しいパッティング……などなど、初心者でも上級者でも分け隔てなく同じ試練を与えられます。そんなとき、いつでも100%の結果を望んでいませんか？　でもそれは、プロでも不可能なことです。

基本をマスターして応用力が身に付いてくると、全てのショットが100%でなくても最悪の結果を避けられ、その結果、大叩きを抑制でき、スコアアップにもつながると考えられるようになるのです。

さあ、練習場でナイスショットを求めるだけの練習の仕方をちょっと変えてみましょう。

だから重要なグリップとアドレス

上達のためには、練習の時間が多く取れるに越したことはありませんが、時間もお金も限られていたら、できるだけ効率のよい練習をしたいものです。そして、「いつも同じことをするための練習をすること」が大事であれば、同じことができるような「シンプルな考え方」が大切になります。

そのために、まずは「グリップ」について考えたいと思います。

ゴルフは道具を握って使うスポーツです。ほかにもテニス、卓球、バドミントンなど、いろいろな〝握る〟スポーツがあります。そうしたスポーツにはそれぞれ「握り方」がありますが、ゴルフの「握り方」は、「左手親指と人差し指でY字型をつくって」「そのY字で右肩を指す」など、かなり細かく指示されていると思いませんか？

これほど細かく指示するスポーツは、他にあるでしょうか。

しかし、パターのグリップは若干違うものの、他の13本は長さも形も違うクラブなのに、グリップの握り方はほぼすべて一緒です。これは、正しい握り方を覚えてしまえば、他のクラブでも応用が効き、シンプルに考えられるということです。

ゴルフというスポーツは、ボールを遥か彼方の直径108ミリメートルの穴にできるだけ少ない打数で入れなければならないので、飛距離と方向性の両方が大事になります。正しいグリップは、正しいスイングを導き、飛距離と方向性の向上に重要な役割を担うのです。

次に「アドレス」について考えてみたいと思います。

よく練習場では上手に打てるけれども、コースではまるでダメという話を聞きます。練習場ではマットの線でまっすぐ構えられたとしても、コースにはそのような目印となる線もないので、目標方向に正しく構えられていないのです。

また、練習場は平らですが、コースは皆さんが思っている以上に起伏があるので、基本の構えができていないと応用が効かないことが多々あります。

アドレスが悪いとスイングの正しい始動ができなくなり、インパクトにも狂いが生じ、ミスショットの原因になります。また、スイングはよくても構えの向きが間違っていたらターゲットにボールは飛びません。

多くの皆さんは、グリップやアドレスがきちんとできていないにも関わらず、打ち方、つまりスイングだけに悩み、〝迷宮〟に入り込みます。ゴルフ専門雑誌やレッスン本をよく読む人ほど、ゴルフに関する知識も豊富で、その分、より深い泥沼にはまり込んでいきます。

プロも日頃から、グリップやアドレスを鏡で見たり、器具を使ったりしながらチェックをしています。皆さんがドリルを行ったり、レッスンを受けたりするにしても、まず初めにグリップとアドレスがきちんとできれば、他の体の動きも連動してできるはずです。

アマチュアの皆さんが、ゴルフというゲームの内容を向上させ、スコアアップを望むなら、まずは１００ヤード以内の「ショートゲーム」から取り組むべきです。

しかも、通常のゲームとは逆回りで考え、グリーンやグリーン周りから練習を始めて、段々とティーイングエリアに戻って行くのです。

そこで、次からの本編では、まず「パッティング」のレッスンから始めます。パッティングという小さな動きから、クラブを握る「グリップ」、正しく構える「アドレス」の重要性を理解していただき、小さなスイングを確認していきます。

その後は、パター以外の13本共通の「基本のセットアップ」として、グリップ、姿勢、方向について触れていき、スコアメイクの鍵である「ショートゲーム」を学びながら、徐々にスイングを大きくして、スイングの基本を理解していただきたいと思います。

そして、自分に合ったスイングづくりをしていくためのヒントをお話しし、練習場とは違うコースでの対処法をアドバイスいたします。

新しい方法をいろいろ取り入れすぎて試行錯誤してしまっている方、シンプルにゴルフにとって大切な基本を今一度見直すお手伝いをさせていただきます。

もちろん、これからゴルフを始める方も大歓迎です。

勝手ながら、右利きのゴルファーを対象として説明させていただいております。左利きの方々は、方向を逆にしてご理解いただければ幸いです。

第1章　スイングづくりはパッティングから

練習場に行く時間がないから困ったなぁ――。そんな方に朗報です。まずは、この章を読んで〝パッティング名人〟になりましょう。

ショットの練習をするために練習場には行くけれども、パッティングの練習に同じように時間をかけるという方はなかなかいらっしゃらないと思います。

実際のラウンドでもショットばかりに気を取られ、グリーンに上がってきた時には、体力も気力もなくなり、おまけに同伴プレーヤーの視線や追いついてくる後続の組の圧力が気になり、必要以上に慌て、何となくパッティングを打ってしまっている方も多いのではないでしょうか?

しかしながら、パッティングはラウンドで最も多く打つショットです。そのため、最もスコアを縮めやすく、たとえショットが悪い日でもあなたのゴルフを助けてくれるかもしれません。

パッティングに自信がついてくれれば、少々カップから遠い場所にオンしたとしても不安になることはないですし、パッティングでカバーできるという自信から、アプローチもそこそこ近づけばいいと思えるようになり、そのおかげでプレッシャーがなくなり、かえってアプローチが寄るようになったりもするのです。

パッティング以外のショットは、状況に応じて13本のクラブを使い分けますが、パッティングはパター1本。基本をしっかりマスターすれば、他のショットより短期間で上達することも可能なのです。

重要な要素の集約

実は、パッティングにはゴルフスイングのとても重要な要素が集約されているのです。

パッティングを含め、ショットでボールの飛んでいく方向は、クラブのフェースの向きとスイングの軌道によって決まります。いきなりドライバーを振り回しても、そのことは意識しにくいと思いますが、パッティングのストロークであれば、速度もゆっくりですし、振り幅も小さいので、フェースの向きやクラブの軌道も意識しやすいと思います。

「パッティングには型なし」と昔から言われてきましたが、〝パットの名手〟といわれる人はどんな打ち方をしていても、目線（アイライン）がパッティングラインの真上にあり、インパクトでフェースがスクエアになる再現性の高いストロークをしています。

パッティングの小さな振り幅のスイングから始めて、ゴルフにおける基本の大切さ、再現性の高い動作を身に付け、徐々に大きな振り幅のスイングに取り組んでいくことが上達の近道であると私は考えます。

ゴルフはターゲットスポーツです。よって、どのクラブを持っても「目標に正しく構える」ことがとても重要です。しかし、目標に正しく構えるということは、アマチュアだけでなくプロでもとても難しいことなのです。

２０１９年のゴルフルールの改正により、キャディはプレーヤーがスタンスを取り始めたときに、以前のように後方から構えた方向をチェックできなくなりました。ということは、目標に正しく構えるということもプレーヤーにとって重要な技術の一つだということです。

コースは様々な錯覚を起こすようにつくられていますが、コツを覚えて訓練すればターゲットに正しく構えられるようになりますので頑張りましょう!

グリップ

まず初めに、「パッティングのグリップ」について説明します。

パッティングのグリップは、通常のショットと同じ握り方でも構いませんが、パッティング専用のグリップをするケースが多いと言えます。理由は手首の動きを抑えて正しいストロークを行うためです。

皆さんのパターのグリップの形状を見てみましょう。他の13本のクラブが円形であるのに対し、両方の親指がシャフトの上に乗りやすいように平らな部分が多くなっていませんか? (中には極太グリップのように手の平でグリップを包み込めるようなものもあります)

パッティングでは、そのグリップの形状を利用して、両方の親指をしっかりグリップの上に乗せて、手の平の生命線に沿って握るとグリップと手の平が密着して安定します。

では、ここではよく用いられる5つのタイプのグリップを挙げてみます。

①逆オーバーラッピング・グリップ

左手の人差し指を右手の小指と薬指の間あたりに重ねるグリップです。左手首が折れにくく、左右のバランスの取れた握り方だと言われています。

②オーバーラッピング・グリップ

右手の小指を左手の人差し指に重ねるグリップで、通常のグリップと同じように握る方法です。ショットの感覚と同様のストロークができます。

③テンフィンガー・グリップ

親指をシャフトの上に乗せるのは他のグリップと同様ですが、すべての指で直にグリップを握ることになるため、両手の力加減を均等にしてストロークすることを心掛ける必要があります。

④クロスハンド・グリップ

シャフトの上の部分（グリップエンド側）に右手、ヘッドに近い位置に左手という形です。この打ち方は左腕が主体になるので、手首の動きを抑えることができます。

⑤スプリットハンド・グリップ

左右の手の間隔をあけて握るグリップです。このグリップでは、それぞれの手の動きを容易に確認できます。

どのような握り方をしたとしても、手首の動きを抑えて、スクエアなフェースの向きを感じやすいことが大事です。握る強さは、強くても弱くても構いませんが、ストローク中に握る強さを変えてはいけません。

プロもそのときの調子やコースのコンディションなどに合わせて握り方を変えることがよくあります。また、左手の中指、薬指、小指をしっかり握ることにより、インパクトの衝撃でフェース面が変わらないようにコントロールしたり、より感覚を繊細に感じるためにグローブを外したりと、いろいろと工夫をしています。

皆さんも、いろいろと試して、ご自分に合った握り方を見つけるとよいでしょう。

腕、肘の形

皆さんからよく質問のある「腕と肘の形」についてご説明します。

パッティングでは、ストロークの際に手首の動きを抑えることが重要とお伝えしました。そのためには、構えにおいても腕と肘で手首が動きすぎないよう固定することが大事です。

そこで、その形がわかりやすいドリルをご紹介しましょう。

★逆さ合掌ドリル

胸の前で両手を合わせ合掌し、手の平を軽く押し合い、胸、お腹、上腕に軽く力を入れます。そのまま上半身をまっすぐ前に傾斜させ、手の平を合わせたまま指先を下に向け、腕を下げます。このときの両肩、両腕を結んでできた形は三角形になります。肘の曲げ具合によっては、五角形と考えてもよいでしょう。その三角形（五角形）を崩さないよう、胸とお腹と上腕に軽く力を入れながら、手の平を左右に動かす

逆さ合掌ドリル

とパッティングのストロークの完成です。

この動作を壁にお尻を付けながら行うと、下半身が固定され、パッティングで重要な下半身の安定も意識しやすくなります。

合掌したときの両肘の角度や両脇の締め具合で、三角形（五角形）の形は人それぞれ異なります。しかし、腕と体は離れすぎてもくっつきすぎてもいけません。理想は肩の真下に両手があることです。腕と肩が一体となってリズミカルに動かせることが大事です。

両手の平を合わせたイメージはつかみやすいと思います。では、実際にクラブを持ってみましょう。

両腕を前方に伸ばして、クラブを胸の前で持ちます。グリップを確認した後、両肘を胸のほうに引き寄せ、そこから上半身を前傾させます。このとき、肘から下の腕とクラブは一直線になります。正しい姿勢ができれば、両目のラインがボールの真上に来るようになります。

ショットの構え方は、手首の自然なコッキングが（コック＝手首の折り曲げ）できるようにクラブを胸の前で立てて持ちますが、パッティングでは手首を固定するので、パターは胸の前で前方に突き出すように地面と平行に構えます。このとき、ヘッドの重みで手首を小指の方向に曲げて（尺屈して）、手首の関節をロックするような動きを取り入れてもよいでしょう。そうすることによって先程の合掌の形をひっくり返したような手の平で握る、手首の動きを抑えた安定したグリップが可能になります。

パターの長さとライの角度

ここでちょっと道具のお話です。

パターは他の方から譲り受けたり、プレゼントでいただいたりすることもよくあるかと思いますが、繊細なタッチを要求され、ラウンドで最も多く使うクラブなので、できれば自分に合ったものを選びたいものです。

まず「長さ」ですが、構えたときに肘が大きく曲がってしまうようだと長すぎで、肘が伸びすぎてしまうと短すぎです。両方とも手首の固定が難しく、正しい前傾角度で構えられなくなってしまいます。

長いパターのグリップエンドをかなり余らせて握っている方がいますが、肘の角度を適度に調節できても、クラブヘッドの重さとシャフトの長さのバランスが悪くなり、ストロークの際にヘッドの重さを利用できなくなってしまいます。

構えた時のライ角も重要です。ライ角とは、パターのソールを地面に置いたときにできるシャフトの中心線と地面の間にできる角度のことです。

パッティングのアドレスでは、ソールができるだけ多く地面に接するように構えます。パターはそのときのライ角が最も芯で打てるように設計されています。そのため、極端にトゥやヒールが浮きすぎた構えをしていると芯で打つ確率が下がります。

また、トゥが浮きすぎたアドレスではフェースが左を向くのでひっかけの原因となり、ヒールが浮きすぎたアドレスはフェースが右を向くのでプッシュアウトの原因になります。後方側から、正しく構えられているかチェックしましょう。

アドレスしたときにどこか窮屈に感じる方、やたらモジモジしてしっくりこない方は、ライ角や長さなどに問題があるかもしれないので、他のパターを試してみてもよいと思います。

最近ではお店でパターのフィッティングをしてくれるところも増えました。ぜひ専門家の意見も聞いてお気に入りの1本を見つけてください。

構え方

話を戻します。グリップが決まったら、早速「アドレス」してみましょう。

スタンス幅は肩幅ほどに開き、両足をパッティングラインに対しほぼ直角に向けて、両つま先を結ぶ線はラインと平行に構えます。

これが「スクエアスタンス」で、他に左足を少し引いた「オープンスタンス」、右足を少し引いた「クローズドスタンス」があります。

スクエアスタンスでは、体のライン（両膝、腰、両肩）もスタンスと同じ向きに揃えます。体重は左右均等とし、頭は右にも左にも傾けません。肩の力を抜いて膝を軽く曲げるとリラックスして構えられます。

ボールの位置

ボールの位置はスタンス中央よりもやや左（左目の下）に置きます。

パターもアイアンと同じようにハンドファーストにしてロフトを立ててインパクトをしますが、転がりをよくするために、ヘッド軌道がストロークの最下点直後のアッパーブローになった地点でボールを捉えます。アッパーブローで振り抜け、ハンドファーストでボールを捉えられる場所ということで、ボールの位置はスタンス中央よりもやや左（左目の下）に置きます。

アイライン

パッティングの「肝」とも言われる、忘れてはいけないとても大事ことは、どんなスタンスを取るにしても、「目線がボールの真上に来るように構える」ことです。

両目のライン（アイライン）がパッティングラインと平行になるように構えること

によって、正しいインサイド・スクエア・インサイドの軌道でストロークすることができます。

このようにアイラインを合わせてみると、お気付きになるかもしれませんが、通常のショットの構えよりも顎を引いた構えになります。そして、頭が左右に傾いているとアイラインがずれてしまうことも理解できるでしょう。

現在、ロープやミラーを使ったパッティングの練習器具がありますが、その多くはこのアイラインをチェックするものです。私もミラーの練習器具を愛用しています。ボールの横にミラーをセットして、アイラインがボールに重なるように構えます。同時に肩の向きもパッティングラインに平行になるように合わせます。部屋の壁にお尻を軽く付けて動かないようにストロークできれば、自宅でできるとてもよい練習になります。

フェースを決めてからセット

パッティングにおいては、インパクト時のフェースの向きでボールの転がる方向が

7割決まると言われています。そのため、アドレスのときからフェースの向きをしっかり管理するという意識が大切です。

説明が前後しましたが、アドレスでは、まずパターのフェースを目標方向に正しくセットし、そのときに決めた手元をあまり動かさないで、その上でスタンスを取るという癖をつけるとよいと思います。

よく体の向きやスタンスを決めてからクラブをボールにセットする方がいらっしゃいますが、これではフェースの向きはもちろん、ボールから遠い位置で構えてしまったり、近付きすぎてしまったりして、手元の位置も一定になりません。そして何より、アイラインをパッティングラインの真上にセットできなくなります。

まずはフェースを目標方向にセットして、アイラインをパッティングラインと合わせて、その後にスタンスを取り、肩、腰など体の向きも正しく構える。この順序をしっかりと体に刷り込みましょう。

これは、この後のショットにも通じる大事なことです。

ストローク

ストロークで心掛けていただきたいポイントは、「バックスイングとフォロースルーの振り幅を左右対称にする」ことです。

左右対称で振るメリットとしては、まずボールの転がりが安定します。そして、インパクトの強さが一定になり距離感を正しくつかめるようになります。

では、始めてみましょう。スイングの振り幅は、時計の文字盤を使ってご説明をします。

振り幅の基本は、「7時―5時」の大きさです。つまり、スイングのトップの位置が時計の「7時」の位置で、フィニッシュが「5時」の位置になるストロークです。

支点は体の中にあるようなイメージです。

手元を支点として考えてしまうと、手首をこねやすくなってしまいます。わかりにくいようでしたら、ウッドなどの長いクラブをみぞおちにつけて動かしてみましょう。

腕でつくる三角形を崩さないことがポイント。「7時―5時」を基本に振り幅で距離を調整

このストロークでは、コック（手首の動き）を使わず、両肩と腕でつくられた三角形（肘の張りを意識する方は五角形と考えてもよい）を崩さないようにして振ります。頭を上下左右に動かさないように注意して、ボールを打ち出すまではボールから目を離さないようにしてください。

さらに重要なことは、ゆっくりとリズミカルに振ることです。ワンでテイクバック、ツーでインパクトのリズムに合わせて素振りを繰り返します。リズムをつくるためにメトロノームを使って練習してもよいでしょう。

ゆっくりとは言いましたが、ゆっくり過ぎてダウンスイングで減速してしまうことはよくありません。これは主に体が緩んでしまうことが原因ですが、カップ手前でショートしたり、方向性も狂ってしまいます。

「7時―5時」の振り幅を基準に、距離の短いパッティングは振り幅を小さく、長いパッティングは振り幅を大きくし、距離の調整を行います。振り幅は変わっても、同じテンポでストロークできるよう体に覚えこませましょう。

★ヘッドカバー乗せドリル

後頭部から首筋にかけて、パターのヘッドカバーなどをのせて、「7時―5時」の振り幅で、リズミカルに連続して素振りをしましょう。体の軸がブレたり、傾いたりしなければ、ヘッドカバーは落ちません。

まっすぐ引いて、まっすぐ出すの？

パッティングのストロークをする時に、パッティングラインに対してヘッドをまっすぐ引いてまっすぐ出す意識の強い方が多いように感じます。

しかし、パターにはライ角があるので、そのライ角に対してヘッドを動かそうとすると、ヘッドの軌道は緩やかなインサイド・スクエア・インサイドになります。

ショートパットでは振り幅が小さいのでなかなか感じにくいと思いますが、ロングパットの大きな振り幅では、まっすぐ引いて、まっすぐ出す動きは極端な手打ちとなり、体の上下動も起こりやすく、正確な軌道を描けません。よって、パッティングのストロークは無理に直線的な軌道を意識しなくてよいことが理解できると思います。

どんなときでも芯で打つ

アマチュアの方々のお悩みとして、「転がりのよい伸びるボールが打てない」、あるいは「距離が合わせられない」ということがあります。その原因の多くは、インパクトで芯を捉えていないからです。

例えば、ボールの上の部分や下の部分をフェースで打つと、芯を外しボールの転がりが悪くなり距離が合わなくなってしまいます。

大事なポイントは、「ボールの芯をパターの芯でしっかり捉える」ことです。パターには必ず芯があります。ご自身でパターのフェースを上に向け、ボールを落として一番反発するところを探してみてください。そこがパターの芯です。

では、実際にパターの芯でボールの芯を捉えられているか、それをチェックする方法をお教えします。

ボールを地球儀に見立てて赤道の位置にラインを引きます。そのボールのラインをパッティングラインに合わせてセットし目標に向かってストロークします。芯を捉えていないと線がブレながら転がりますが、ボールの芯をしっかり捉えると線がきれいに一直線になって転がります。ボールの線がブレないで転がるようになれば、よい転がりのパッティングができるようになり、距離感も方向性も合うようになります。

下りのパッティングの際にも、怖がって芯を外してしまうと、方向性が悪くなるので、しっかり芯を捉えて打ちましょう。

★脇に挟んで素振りドリル

ボールの芯をフェースの芯で捉えるためには、安定したストロークが求められます。そこで安定した再現性の高いパッティングフォームをつくるのに効果があるドリルをご紹介します。

両脇に1本のクラブ（スティック）を胸に抑えるように挟みながらパターを構えます。そのままの状態で「7時―5時」の振り幅で素振りを繰り返します。脇が適度に締まると同時に下半身が安定し、さらに手首をこねずに打てるようになります。

距離感の出し方

距離の打ち分けは振り幅の大きさで調整します。インパクトの強弱（ヘッドスピード）で合わせるプロもいますが、ラウンド回数が少ないアマチュアの方々にとっては振り幅で調整を行ったほうがはるかに易しいです。

ストロークの注意点は先に述べたので、ここでは距離感の養い方についてご説明します。

ゴミ箱にゴミを投げようとしたとき、ゴミ箱を見ながら投げますよね。パッティングも距離感を養うにはカップを見ながら素振りをすることが大事です。

そして、距離感を出すのは右手（利き手）です。カップにボールを投げてみて、そのときの距離感を大切にしながら右手1本でストロークしてみます。右手1本でボールを打つことは少し難しいかもしれませんが、距離感も含めてパッティングの向上にとてもよい練習です。

右手だけでストロークすると、手首を使うことができず、右肩と右の前腕部分を意識してスピードをコントロールできるので、転がりのよいボールを打てるようになります。両手で握ったときも、この右手の感覚を忘れずにストロークできるようになれば距離感が出せるようになってきます。

情報収集

基本のストロークのお話はご理解いただけましたでしょうか?

皆さんがさらにパッティングに磨きをかけるには、ストロークの他に、優れた感覚と芝を読みラインを明確に頭に描ける想像力も大事です。

今はセルフプレーも多くなり、キャディに頼ることなく自分で全て判断することも多くなってきました。プロの世界でもワンバッグ・ワンキャディのレギュラーツアーでプロキャディと呼ばれる方が付いている場合は別ですが、ステップアップツアーや私が出場しているレジェンズツアー(45歳以上の女子プロの試合)などにおいては、昨今の人手不足もあり、そのコースを知らないキャディが付いてくださることも多々あります。

そんな中で、私たちは練習ラウンドのときから、グリーンの起伏や芝目の確認、ピンの位置を想定しながら情報収集します。フェアウェイでは仲間同士楽しくお喋りをしていても、グリーンに乗ると情報交換をしたり必死にメモを取ったり、忙しいのです。

キャディにラインを教えてもらうことは悪くないですし、キャディとのやり取りを楽しまれる方もいらっしゃいます。しかし、自分でラインを読んで、失敗したら、検証することはとても大切で、そのような経験を多く積むことによってライン読みの技術はどんどん向上します。

アマチュアの方々でライン読みを全てキャディに頼っている方を多く見かけます。私からすると「ゴルフのゲームで一番面白いライン読みを自分でやらないなんて、なんと勿体ない！」と思います。

また、グリーンに乗るときにスイッチの切り替えができていない方も多く見かけます。グリーンまでのショットを悔やんで何度も素振りをしたり、打数を数え始めたり。林などの裏街道を渡り歩いてきた方はやっとグリーンに辿り着いた安心感からか、ボーっとしていたり……。

確かにグリーンまでの道のりには、人それぞれ紆余曲折があり、「お疲れ様！」と言いたいところですが、グリーンではゴルフのスコアの多くを占めるパッティングが待ち構えているのです。

ぜひこれからはグリーンに上がるときは、舞台に上がるつもりで「ここからが自分の出番だ！」と思えるようになっていただきたいです。

そのためのグリーンでの情報収集のコツをお伝えします。

グリーンに向かう前から準備

グリーンに向かう前から準備をしておくと、プレーの進行もスムーズになりますし、パッティングも上手になります。

グリーンに向かうときは漠然と向かわないで、同伴競技者のボールの位置をチェックし、グリーンの傾斜を見ながら向かいます。

同伴競技者のボールをチェックする目的は、プレーの順番を判断し、ラインを踏まないように注意するためです。今はプレーファスト推進のため、必ずしも遠くの人からプレーをしなくてもよくなりましたが、自分の番で時間を取りすぎたり、逆にせっかちすぎて他の人を差し置いて先に打ってしまうというのも、マナー的には如何なものかと思います。ラインもできるだけまたがないようにして、まわって回避するのがベストなマナーです。

そのような同伴競技者への配慮もしつつ、自分のゴルフのためにも着々と情報収集をしていきましょう。

自分のラインを読みましょう

ライン読みでは、まずボールのスピードを決めることが大前提になります。そして、タッチ（ボールスピード）に合わせて曲がり幅を決めることが大事です。

まず、グリーンに向うときは、グリーンの一番高いところと低いところを見つけて、全体的なグリーンの傾斜、ボールからカップに向かっての傾斜などの情報をインプットします。

そして、自分のボールの近くに来た時は、同伴競技者のラインやプレーの進行に注意しながら、まずボールとカップを結んだ線を横から見て傾斜を確認します。そのとき、傾斜の低い方から見たほうがより傾斜の具合がわかりやすく、目線もなるべく低くして見るとラインをイメージしやすくなります。

ボールやカップの後方から縦の線でラインを読み、左右のどちらに切れるかばかりを気にする方も多いと思いますが、縦の線だけではボールが転がるスピードや上り下りの傾斜が読みづらくなってしまいます。その結果、ボールの曲がりはある程度読めても、距離感の合わないパッティングになってしまうのです。

ボールがどちらに切れるのかを読むことも大事ですが、それ以上に大切なのは距離感です。そのために自分のラインは上りのラインなのか、下りのラインなのか、上りも下りも入るラインなのか、傾斜に応じたボールの転がるスピードをイメージすることが大切です。

距離感のイメージができたら、今度はボールやカップの後方から左右の曲がり幅をイメージしながらラインを読みます。

次に、傾斜の具合からカップの手前のどこでボールのスピードが落ち、曲がるのかを読み、その曲がりの頂点に目印を設定します。そして、その目印に対してスクエアに構えてまっすぐ打ちます。

ボールの方向が変わる場所にボールを打つことがライン読みのコツです。読みが正しければボールはそのポイントで自然に曲がり、実際のカップの方向へと向かうのです。

よく「キャディの言うことを聞いたのに全然曲がらなかった」と言う方がいらっしゃいます。でも、曲がらなかったのはキャディのイメージするボールスピードとその方の打ったボールのスピードが合っていなかったからではないでしょうか。ラインが合っていてもタッチが合わなければ、ラインからは外れてしまいます。きっとベテランキャディなら、強めならここ、タッチを合わせるならこちらにと、その方に合った指示をしてくださるでしょう。

グリーンの状態はコースの状況や気象条件によっても様々です。ボールの曲がり幅はボールスピードによって変わることをしっかり頭に入れて、ゴルフゲームの醍醐味の一つであるライン読みを楽しみましょう。

苦手な方は、プレーに支障がない程度に、同伴プレーヤーのラインも勉強のつもりで心の中でどんどん読んで経験を積むとよいでしょう（実際にアドバイスをするとペナルティになります）。

ライン読みに自信が付けば、ポテトチップのようなグリーンを前にしてもイマジネーションが膨らみ、マスターズのように大きく切れてカップに吸い込まれるような劇的なパッティングも夢ではありません。

なお、いろいろと情報収集は必要ですが、くれぐれもスロープレーにならないようにご注意ください。

3パット撲滅作戦

ライン読みのコツとして、ボールのスピードをイメージすることを大前提に、カップの手前のどこでボールのスピードが落ち、曲がるのかを読み、その方向が変わる場所に打つことを述べました。

ただ、ライン読みの技術が向上したとしても、どんなパッティングでも1パットを狙えばよいというものではありません。

10メートル以上のロングパットでは、ファーストパットは2パット狙いのための1打目として、返しのパットが打ちやすいところに打ちます。具体的には短めの上りのパットが残せれば最高です。

下りのパットも、できれば下りのラインを通り越して、返しのパットが上りになるように打つことができれば、3パットの確率はずいぶん減ります。

このように「入れに行くのか、行かないのか?」をしっかり決めて打つことは、1ラウンドのパット数にとても影響します。

皆さんは自分が確実に1パットで決められる距離はどれくらいだと認識していらっしゃいますか?

ある資料によれば、アベレージ90のゴルファー(アマチュアとしては上手なレベルです)の1パットで入る確率は、50センチでは96%、100センチでは80%。そして150センチでは半分の50%、200センチでは34%にも下がるそうです。ちなみにツアープロは、150センチでは80％、250センチでは48％と半分以下になります。

この資料を見ると150センチの距離がいかに入らないかがわかります。しかし、その1パットをいつでも狙っていくアマチュアの方々がなんと多いことか！

狙うなというわけではありませんが、低い確率を狙って大ケガをすることもあるということを頭の片隅において、謙虚に考えるべきです。

そして、この確率を上げていくことこそがスコアアップの鍵です。

それには80％の確率で入る100センチの長さを少しでも伸ばしていき、プロのレベルに近づけていくことです。劇的な1パットを狙うよりも、3パットを撲滅して、18ホール全体のパット数のアベレージを下げていくことがスコアアップにつながります。

ルーティーン

「ルーティーン」とは、ショットやパッティングのストロークの際に、スイングに至るまでの決まった手順のことです。ゴルフは短い動きが間隔をあけて連続で行われます。これを毎回行うことで平常心を取り戻し、常に一定のリズムを守ってスイングすることが可能となり、再現性の高いショット（ストローク）ができるようになります。

ルーティーンの大切さはアマチュアの方々にもずいぶんと浸透してきましたが、作業を多くしすぎてスロープレーにならないことが大切です。

普段からボールを打つ動作だけでなくルーティーンを取り入れた練習をしておくと、本番でもリズムよくプレーができるでしょう。

ラウンド前の練習グリーンでは何をすべきか

コースに行ったときに朝、練習グリーンでは何をすべきでしょうか。

私もそうですが、プロの多くが距離感を合わせることに重点を置くと思います。まずロングパットから始めて、カップインには特にこだわらず、タッチを合わせて、自分のその日の感覚とグリーンの速さの擦り合わせをします。パッティングフォームの注意点については一つか二つくらいに絞って、芯で打つことに集中します。ラウンドの間隔があいてしまっているときは、特にロングパットを多めにやっておくとよいでしょう。

打つときにはあまり多くのことを考えないというのはコースに出ても同じです。コースではボールがどの方向にどれくらいのスピードで転がり、カップに入るのかに集中します。

パターの活用術

最後にパターの活用法についてお話しします。

私の知り合いのアマチュアの方で、グリーン周りからのアプローチにはほとんどパターを使うという方がいらっしゃいます。傾斜があっても、少々のラフでも、花道からでも、あごの低いバンカーからでも、実に見事なまでに寄るのです。チップインも平気で狙ってくるので恐ろしいくらいです。その方にとってパターはアプローチのクラブと一緒なんですね。

他にも林からの脱出にも使えますし、芝があまりないベアグランドからのアプローチもパターのソールの形状を活かせば上手に打てます。

この後、アプローチのお話に入っていきますが、グリーンサイドからのアプローチでクラブ選択をするとき、まずはシンプルにパターが使えないかを考えます。もちろんウェッジでのアプローチに自信のある方はそれでもよいのですが、振り幅を加減して打つ必要のあるアプローチでなかなか正確にヒットできないアマチュアの方にとっては、パターを選択することで正確にヒットできる確率が高くなり、何より大ケガがなくなるのでとても有効です。

パターは最もロフトの立った扱いやすいアプローチのクラブと考えれば、活用の幅も広がります。

では、実際にはどのような点に気をつけて活用したらよいのでしょうか?

ここでも大前提は、パターの芯でボールの芯をしっかり捉えることです。そして、打ち出しと転がりをスムーズにするために、前に説明をしたアッパーブローめに打つことです。

よくグリーンに乗るまでの障害物を通過するために強く打ち出そうとして、ボールの位置を右足寄りに置き、ボールを上から潰して打とうとする方がいらっしゃいます。残念ながら、これではインパクトでロフトが立ちすぎて、ボールがスキップし、転がりが不安定になってしまいます。

アッパーブローめで打つためには、ボールを左足寄りにセットし、パターのロフトを活かして右手で押しながらフォローを出すようにして、回転のよいボールを打ちましょう。インパクトでの強弱はつけずに、リズムよく振りましょう。

少し長めの距離を打ちたいときは、体や手の緩みを防ぐために、ダウンスイングで少しだけ加速するイメージを持ってもよいかもしれません。

エッジからカップまでの距離に傾斜や芝の影響を受ける距離をプラスして、ボールの転がるスピードとラインをイメージしながら打ってみてください。

第2章　スイングづくりへのステップ～正しいセットアップ～

【グリップ編】

パッティングがインサイド・スクエア・インサイドの軌道でしっかり芯で打てるようになったら、さらに振り幅を大きくして、いよいよスイングの基本を勉強していきましょう。

ここで、まず初めにスイングづくりにとても大切な「セットアップ」についておさらいしてみましょう。

セットアップとは

セットアップとは、ここではグリップ、姿勢（ポスチャー）、アライメント（方向）の3つの要素から成り立っていると考えます。

これはゴルフの基本中の基本なのですが、ハンディキャップの高い方ほど、セットアップの基本をおざなりにして、ボールをコントロールすることに苦労なさっています。

また、ゴルフをやると体のどこかに痛みを感じる方は、ゴルフでいう自然体のアドレスになっていないために、スイングで体に負担をかけてしまっているのかもしれません。

ぜひこの機会に皆さんもセットアップの基本を見直してみましょう。ゴルフが見違えるほど上達するはずです。

クラブと体の唯一の接点

「グリップ」はクラブと体の〝唯一の接点〟で、クラブヘッドをコントロールする重要な役割を果たします。そして、正しいグリップは正しいスイングを導き、飛距離と方向性の向上に重要な役割を担います。握り方ひとつが、クラブの動かし方に多大な影響を及ぼします。

また、お箸を綺麗に持てるだけで品がよく見えるように、ゴルフでもグリップを綺麗に握れているだけでゴルフへの意識が高いように思われます。

正しいスイングを体に覚えこませるには、まずクラブを正しく握らなければなりません。しかし、残念ながら多くのアマチュアゴルファーの方々は、このグリップの重要性にお気付きでないようです。スイング中に起こるあらゆるミスをカバーするために手先を使ってごまかす、そんな自分にとって都合のよいグリップをしていませんか？

グリップはその後に行う構え方、姿勢、そしてボールの方向性にも大きく影響してきます。例えば、グリップに力が入り過ぎると両肩が上がってしまうし、偏ったグリップをしていると右肩と左肩の傾きに異常な差が生じたりします。

いまひとつゴルフに伸び悩んでいる方、もう一度グリップの基本をチェックしてみましょう。

大袈裟な言い方かもしれませんが、正しいグリップを自分のものにできるまでは、それ以上のゴルフの上達は望めません。機会があれば、ぜひ優秀なティーチングプロにご自身のグリップをチェックしてもらいましょう。

正しいグリップとは

正しいグリップをするためには「自然体で構える」ことが基本となります。

ゴルフでいう自然体とは、両腕をだらりと垂らして直立し、上半身を足の付け根から軽く前傾させた姿勢です。このときの左手を見ると、多少の個人差がありますが、人差し指と中指の付け根の関節（ナックル）が2つ見えます。この手の向きでグリップするとスイング中に同じ位置に手が戻りやすくなり、合理的なグリップとなります。

では、まずは左手からグリップしてみましょう。

グリップエンドは少し余らせて、だらりと下げた左手の向きのままグリップすると、親指はシャフトのセンターよりもやや右側に置かれ、左手の人差し指と中指の付け根の2つのナックルが見えると思います。そのとき、親指と人差し指で「Y字形」をつくるようにします。そして、クラブを指だけではなく、指と手の平にまたがって、小指、薬指、中指の順に緩まないように意識して握ります。親指と人差し指でつくるY字形の延長は首筋の右側と右肩の間を指すようにします。

手の平の生命線に沿って握るパッティングのグリップと比べると、ショットのグリップは手の平の感情線の上あたりに斜めにあてがい、小指と薬指と中指を意識して握るという感じです。

ここで注意していただきたいことは、親指と人差し指側に力を入れてしまうと、前腕に力が入りすぎてしまうということです。これに対して小指と薬指と中指を意識して握ると、腕の内側の筋肉が使え、背中の大きな筋肉との一体感が生まれます。

また、手の平で握ってしまうと、クラブがスイング中に手の中で回らないように強く握ってしまいがちで、手首の関節が硬直してしまいます。これでは充分なコックが取れません。

親指と人差し指でつくる「Y字」は首筋右側と右肩の間を指すように

左手ができたら、次は右手です。
右手の平を開いてクラブの右横からあてがい、左手

右手も同様に親指と人差し指でつくる「Y字」は首筋の右側を指します

の親指を包み込むように握ります。右手の親指と人差し指の付け根にできるY字形の延長は首筋の右側を指すようにします。

ここで、右手の小指を左手にどのように絡めるかによって異なる3種類のグリップについて説明します。

① オーバーラッピング・グリップ

右手の小指を左手人差し指に乗せる握り方で、右手の利きすぎをコントロールして正しいスイングができます。最も多く用いられているグリップです。

② インターロッキング・グリップ

右手小指を左手人差し指に絡ませます。右手と左手をより一体化することができ、プロの中にもこの握り方を好む人もいます。

③テンフィンガー・グリップ（ナチュラルグリップ）

左右の指は絡めず、左人差し指と右小指を密着させ、10本の指全部で握ります。

右手と左手の握り方ができたらほぼ完成ですが、密着させた左右の手が一体になって働くようにすることが重要です。左右の手の握るバランスをうまく保ちながらスイングすることが、正確なショットを生むことになるからです。

ここでは最も一般的な「オーバーラッピング・グリップ」について、さらに詳しく説明します。

グリップをするときは、利き手である右手が強くなりすぎないように注意することが大切です。そのために、右手は中指と薬指がクラブを支えるポイントとなります。左手は固くならない程度に小指・薬指・中指の3本を意識して握ります。この左手の3本がスイング中、クラブをコントロールする重要な役割を担います。

ちょっと残念なグリップ　あるある

アマチュアの方でよく見かける、ちょっと残念なグリップの例を挙げてみましょう。

・じゃんけんのグーのような形で握る。

スイング中にグリップが緩みやすく、手先に力が入るため、手打ちになりがちです。

・親指と人差し指でできる形が「Y字形」ではなく、「V字形」になっている。

JLPGAの指導では、親指と人差し指でつくる形はY字形となりますが、このY字形は他の指導ではV字形と言われることもあります。

しかし、ここにグリップの肝があります。親指と人差し指の付け根はくっついているということです。この部分を「V字」で構えるということは、前出のじゃんけんのグーのような手先に力の入りやすいグリップとなってしまいます。

・「Y字形」が正しい方向を指していない。

基本であるスクエアグリップで握ると、左手も右手も、親指と人差し指でつくるY字形が正しい方向を向きます。体形による個人差や、スイングの流行などもあるので一概には言えませんが、極端なウィークグリップやストロンググリップだとスイング時のフェースの向きに影響が出ます。

「ウィークグリップ」とは、クラブを握った状態で上から見たとき、左手のナックルが2つより少ないグリップのことです。また、「ストロンググリップ」は、同様に上から見たとき、左手のナックルが3つ以上になっているグリップです。

右手は、グリップによってできた左手の親指を手の平で包み込むように握るので、ウィークグリップでは右親指と人差し指でつくるY字形は左の肩方向を指してしまい、アドレスでは右肩が前方に突き出た被った構えになってしまいます。

また、ストロンググリップでは、左手の親指を包み込むように構えると、右手の平が上を向くような構えになってしまい、右肩が極端に下がり、右親指と人差し指でつくるY字形は体の右外側を指すようになってしまいます。

グリップを直すということは、大きな違和感との戦いです。

多くの人はどうしても自分が握りやすい形で握ってしまい、例え直したとしても、短期間で元に戻ってしまいがちです。

わかっているのだけれどどうしてもグリップを手の平で握ってしまう、きれいなY字形がつくれないという方はどうしたらよいのでしょう？

この際、徹底的に基本のグリップを学びましょう。

私がお薦めするポイントは3つで、それぞれ「猫」「忍者」「引き金」と呼んでいます。

まず、「猫」が爪を立てて引っ掻くような手の形をとってみてください。指を第二関節から曲げ、指の付け根を少し反らせる感じです。この少し反らせた感覚を保ったまま、左手を小指、薬指、中指の順に握り、クラブは指と手の平にまたがって握ります。

次に、右手を横からあてがい、手の平で左親指を包み込むように握ります。そのとき、右親指はグリップ上に置き、人差し指と親指は伸ばしたまま付け根を付けて、

「忍者」が術をかけるときのように握ります。

そして、ピストルの「引き金」を引くように人差し指をコの字型に曲げて、人差し指の付け根の感覚を大事にします。

いかがですか？　なんだかカッコいいグリップになった気がしませんか？

正しいグリップをつくるときのアドバイスとして、両手がだらりと垂れた位置でグリップするのももちろんよいのですが、胸の前にクラブを立てて持ち、そこでグリップをつくり、左目の位置からグリップを下すと、より一体感が生まれると思います。

とにかく、グリップは違和感がなくなるようになるまで握る練習をすることです。

ある有名プロは、グリップを直すとき、テープをグリップした手の上からぐるぐる巻きにして寝たそうです。また、別のあるプロは、運転中ハンドルを握るときもグリップの形で握っていたなど、プロでも皆さん努力しているのです。

皆さんが日ごろから意識するとしたら、通勤中、電車内のつり革やビジネスバッグの持ち手を左の小指・薬指・中指を意識して握ってみる、傘を左手で持って親指と人差し指のY字形をつくってみるなどでしょうか。最近はシリコン製のグリップの形の練習器具も売っています。１日数分でよいので、気が付いたときに握ってみると効果が出てくると思います。

ちなみに余談ですが、私の熱心な生徒さんがシャフト付きのグリップ練習器具を飛行機の機内に持ち込もうとしたところ、没収されてしまったということなのでご注意を。

きちんとクラブが動かせるグリップへ

グリップの握り方をかなり細かくお話しました。次はこのグリップをスイングにどう活かすかです。

まず、グリップはどのくらいの強さで握ったらよいのかというお話です。

それを確かめるために、片手でグリップを持ち、指の力を弱めながらクラブを落とさないようにヘッドの近くまで握る位置を変えていきます。ヘッドまで到着したら、今度は同じ動作を行いながらグリップに戻っていきます。握る位置をアップダウンすることによって、自分のパターに合ったグリップの力加減が次第にわかるようになってきます。

次に、周りに注意を払いながら、クラブを握って頭の上でヘッドが円を描くように回してみましょう。グリップを強く握りすぎていると上手く回せないので、ある程度ソフトに握って、手首を柔らかく使わなければなりません。また、親指と人差し指に力が入ると手首が固くなり回しにくくなります。小指・薬指・中指にポイントを置くと、手首を柔らかく使えてスムーズに回せるのがわかると思います。

あわせて注意したい肘の向き

グリップが正しく握れたときに、あわせて注意していただきたいのが「肘の向き」です。

左手は両腕をだらりと垂らした自然体の形で握りますが、そのとき、肘が外（横）に向いてしまっている人は注意です。個人差はありますが、多くの方は、両肘は下か斜め後下方あたりを向きます。肘が外に向き過ぎてグリップしてしまうと、インパクト後の左腕の外旋運動がスムーズにできなくなり、左肩が上がってしまいます。そうなると、フォロースルーで左の肘が引けてしまうようになります。また、インパクトで体の左サイドが詰まるので、首や肩、肘などを痛める可能性もあります。

さらに、右肘も外に向けてグリップしてしまうと右脇も開き、テイクバックの際に右肘が正しい方向に畳まれず、トップの位置が安定しません。

そこで、グリップをしたら、胸の前でクラブを持ち上げ、剣道の竹刀を振るようにして、肘がしっかり畳めるような肘の向きになっているか確認しましょう。

グリップは清潔に

体とクラブの唯一の接点であるグリップですが、すり減っても、汚れていてもまったく気にしないという方が多いように思えます。グリップにあまり気を遣わない方がとても多いのは残念です。

グリップは定期的に洗ってください。それだけでずいぶん違います。カサカサで粉が吹いていそうなグリップでは両手の一体感は生まれません。ツルツルのすり減ったグリップをそのまま使っている人ほど、緩んだ握り方をしています。正しいグリップをつくるためにも、クラブのグリップにも気を遣っていただきたいです。

今は色も材質も様々なグリップが出ていて、太さやしっとり具合なども種類が豊富です。実際にいろいろと握ってみて自分のお気に入りのものを見つけるとよいですね。

ただ、グリップを替えることでクラブ全体のバランスが変わってしまう可能性もあるので、交換するときはショップの方とよく相談してください。

第3章　スイングづくりへのステップ～正しいセットアップ～

【姿勢編】

グリップがしっくりくるようになったら、今度はセットアップの2つ目、「構える姿勢（ポスチャー）」についてです。

スイング中にバランスを保つうえで、あらかじめ適切な前傾の姿勢や膝の角度で構えることが必要です。

アマチュアの方でよく見られるのは、重心が後傾になり、お尻が落ちた姿勢で構えられている方です。その状況でクラブを握ろうとすると、手元をあげて持つような姿勢になってしまいます。これではスイング中に体の前を腕の通るスペースがなくなり、前傾角度を変えてしまう原因になります。

正しい姿勢とは

まずクラブを持たないで確認してみましょう。

頭は右にも左にも傾けず、体の中央に保ち、ウェイトも左右均等にかけ、背筋をまっすぐ伸ばして立ちます。いわゆる「気をつけ！」の姿勢です。そこから足を肩幅に開き、お辞儀をするように上体を足の付け根から軽く前傾します。そして、腕をだらりと垂らし、膝を緩めます。膝を曲げるイメージで構えるとお尻が落ちやすくなるので、緩めるというイメージです。前後、左右、上下、それぞれバランスのよい安定した構えが取れるようにします。

ではここで、クラブを使って正しい姿勢が取れているかチェックする方法をご紹介します。

クラブを縦に持ち、背中にあててみます。首筋、背筋、腰にシャフトが接しているかを確認し、そのままお辞儀をします。前傾するときに、よく首だけが極端に曲がってしまっている方がいますが、首が極端に曲がっていると上体の動きが悪くなります。この方法でぜひチェックしてみてください。

なお、勘のいい方はお気付きだと思いますが、先に学んだパッティングのアドレスではアイラインをボールの上に合わせることが必要ですので、ショットのアドレスよりも首が曲がります（37ページ参照）。姿勢の変化を確認してみましょう。

次はクラブを振るスペースができることの確認です。

クラブを横に持ち、足の付け根にあてがいます。あてがったところから上体を曲げ、首筋、背筋、腰がまっすぐになっていることを確認します。前傾姿勢を保ったまま、腕の力を抜きクラブをだらりと下げて、象の鼻のように左右に振ります。

両手の位置と体の間隔

では次に、正しいグリップでアドレスしてみましょう。

クラブを持ったまま両手を左目の前に上げ、そこから静かに下します。

両手の位置と体の間隔は、こぶし約1個分をあけるとよいでしょう。この間隔が狭すぎると腕を振るスペースがなくなり、広すぎると体がターンせず手打ちになりやすくなります。ここに最適な空間をつくれば、スイングプレーン（ボールと両肩を結んだ仮想の平面）に沿って、基本の正しいスイング軌道（インサイド・スクエア・インサイド）でクラブが振りやすくなります。

基本的にクラブを変えても両手と体の間隔は変わりませんが、クラブの長さが変わるので、クラブによって前傾したときの手首の角度が変わります。

腕の形

両腕は肩からラクに伸ばします。左腕は正しいグリップになっていれば、左肘の内側部分がやや上を向き、軽く左脇が締まります。グリップの握り方から、右手が左手より下になるので、右腕は左腕よりも下がり気味になります。

腕は関節の柔らかさもありますので、無理にピンと伸ばす必要はありませんが、姿勢を気にするあまり、背骨から腰にかけて反ってしまい、腕にも力が入りすぎている方を見かけます。背中は猫背になりすぎるのはよくありませんが、前傾して腕をだらりと下げると少し丸みを帯びた形になります。その形で構えると、背中と腕の一体感を感じられると思います。

普段の姿勢から気をつける

ゴルフの姿勢で一番のポイントは「正しい前傾角度」だと思います。

アドレスでは、お尻が落ちた姿勢で、手がだらりと垂れたところではないところで

クラブを持っていると、オートマチックに始動できないので、テイクバックをどこに上げたらよいのか不安定になってしまいます。この姿勢は普段から気をつけていないと悪くなりがちです。椅子に座るとき、偉い方のようにふんぞり返って座っていらっしゃいませんか？　このような姿勢は、足の付け根から前傾しにくくなり、お尻が落ちた構えを誘発します。そういった方で腰痛に悩まれる方もよくいらっしゃいます。

正しい姿勢で構えれば、体の力が抜けて、スイング中にかかる体への負担も軽減されます。体の痛い方、ご自分で心当たりがないかチェックしてみましょう。

お尻の落ちた悪い姿勢

第4章　スイングづくりへのステップ～正しいセットアップ～

【方向（アライメント）編】

次のセットアップの基本は「方向（アライメント）」です。

ゴルフは目標に対してボールを打ち進めていくスポーツです。そのために目標方向に対してきちんと構えることが重要です。

パッティングのときと同様、ショットにおいても構えたときに目標方向にクラブフェースを合わせること、そして自分の体の向きを合わせることが大切です。あわせてボールの位置も確認しましょう。

近年、トラックマンなどに代表される超高性能な弾道測定器の誕生により、スイングが科学的に解析されるようになりました。プロはもちろん、ナショナルチーム級のアマチュアはこのような測定器を使い、再現性の高い質のよいボールを打つために、個々にスタンスの向きや、ボールの位置を調整し、練習の課題を見つけていきます。選手によっては、オープンスタンスやクローズドスタンスで構えたり、打ちたい球筋や使用するクラブによってスタンスの向きを変えたり様々です。

しかし、このようなゴルファーたちも基本の大切さを理解したうえで、科学の力を借りて応用しているのだということを忘れてはなりません。

一般のアマチュアゴルファーは、まずスイングの基本の形をおさえることが大事です。それができたうえで、ドローボールを打つには自分のスタンスをどのようにしたらよいのか、ボールの位置はどこにしたらよいのか、工夫を重ねることが必要となってきます。

ここではその基本の形を説明します。

基本の形

アライメントのチェックには、クラブやスティックを使うとわかりやすいです。目標線に1本ラインを引き、そのラインから「T」の文字になるように、ボールの位置から直角に線を1本引きます。実際にボールを打つときは、クラブが通過するので、横の線と縦の線は少し離して置いてください。

まず、クラブを握った両手を左目の位置から左足かかとに合わせて置いたボールの右横に下ろし、フェースを目標に対して直角に向けます。そしてボールの位置から直角に引いた線をまたいで両足を揃えてから、右足を広げて目標線に平行なアドレスを

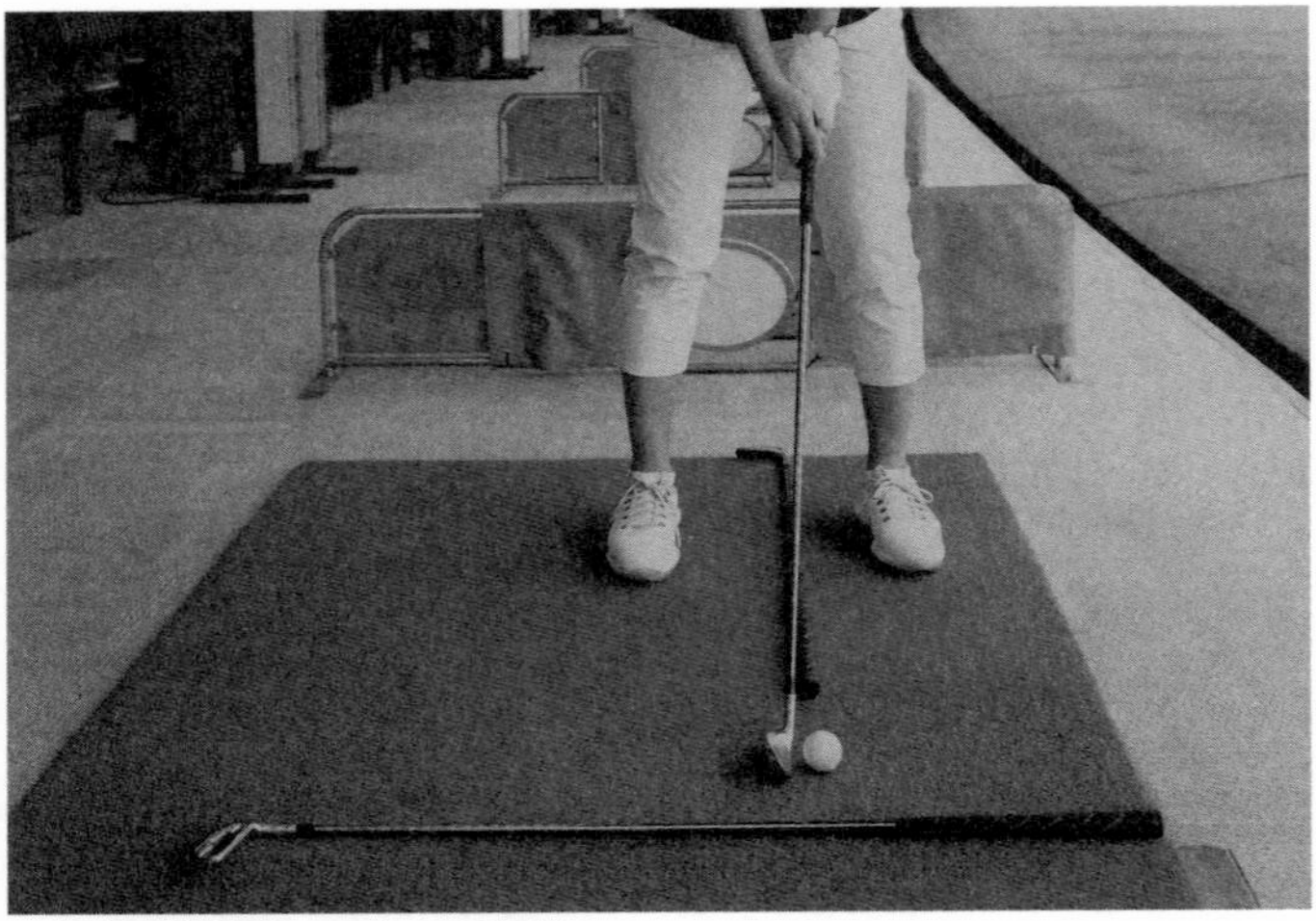

クラブを２本利用してスタンスを確認

取ります。

このとき、体の回転がしやすいように左足つま先をわずかに開きます。左足のつま先を開いたので、両足のかかとを結んだ線が目標線と平行になっているかをチェックします。

そして、目標線に肩、腰、両膝、を平行に構えます。

スタンスの幅は使用するクラブに応じて変化します。ドライバーが最も広く、肩幅くらいです。

これが「スクエアスタンス」の基本の構えです。

この他に、ボールと目標を結んだ線に対して、左足を引いた「オープンスタンス」、右足を引いた「クローズドスタンス」があります。

ボールの位置はどうするか

ここではまず、あくまでもＪＬＰＧＡのティーチングの基本としてのボールの位置をお話しします。

基本の位置は、左足かかと内側の延長線上です。クラブが変わるとその長さも変わるので、スタンスの幅を変えていきますが、ボールの位置は変わりません。ドライバーのスタンス幅が一番広く、クラブが短くなるにつれてスタンス幅が狭くなります。体の真ん中に重心の位置があるので、スタンスが狭くなるにつれて、ボールを真上から見る姿勢になっていきます。

これは、ボールの位置を固定して自分が動くというものです。

常にボールを同じ位置にセットできるので、ゴルフに慣れていない初心者の方々にはわかりやすいと思います。

しかし、一般的にはボールの位置はクラブによって変化するという指導法のほうが多いのです。

なぜならば、クラブによってボールの捉え方が違うからです。

ティアップしたボールを打つドライバーは、スイングの最下点より上がり際にボールを捉え、アッパーブローに打つので左足寄りにボールを置きます。これに対してその他のクラブは地面にあるボールを打つので、最下点がボールの先になるよう、ダウンブローにボールを捉えやすいところにボールを置きます。

よって、ドライバーの場合のボールの位置（左足かかと内側の延長線上）を基準に、クラブの番手が下がるごとに少しずつボールを右に移動させ、ウェッジではスタンスの真ん中ぐらいになる目安でよいと言われています。

ボールの位置に「ここでなければならない」という、誰にでも共通するベストな位置はありません。左足かかと内側の延長線上からスタンスの真ん中の間で、目標にボールが最も打ち出しやすい自分なりの場所を見つけることが大事です。

コースでの目標の取り方

では、コースではどのような手順でセットアップをしたらよいのでしょう。

コースには起伏があり、様々な障害物もあります。錯覚を起こしやすく設計されているため、体の向きを正しくセットアップするために最も大切なことは、目から入ってくる情報だけに頼って体の向きを決めないことです。

ボールを打つ前に必ず後方から狙いを決めて、狙い所とボールを結んだ直線を引きます。その直線上のボールの近くの地面に目印を見つけ、目印とボールが直線となる位置にフェースをスクエアに合わせ、体の向きを決めてセットアップします。

目印は特に見つけず、狙い所とボールを結んだ直線と平行に立つようにするプロもいます。ご自分のやりやすいほうでよいでしょう。

試合やコンペではないプライベートのラウンドでは、同伴者やキャディにお願いして、狙い所に対して体の向きが真っ直ぐになっているか後方から確認してもらうことも効果的です。

ショットでのルーティーン

パッティングのときにルーティーンについては触れましたが、ショットにおいてもルーティーンの大切さは同じです。

近年ではスロープレーが問題になっています。ルールにも「障害や気を散らすものがなく、プレーできるようになった後、40秒以内にストロークを行うこと」と記載されています。これはつまり、「自分の打順が来たら40秒以内で打ちましょう」ということです。この40秒には距離を測ったり、クラブを選んだりする時間も含まれているので、プレーヤーは前もって次のストロークの準備をしておき、自分の順番になったら、すぐにプレーできるようにしておかなければなりません。

普段から、このセットアップを流れるように自分のルーティーンの中に取り入れ、同じルーティーンでショットに入っていけるように訓練しておきましょう。

練習場では連続してボールを打つことも大事ですが、コースでの実践に向けて1回ずつショットのルーティーンを確認しながら、一定のリズムで打てるようにする練習も効果的です。

以上、セットアップについて説明させていただきましたが、正しいセットアップがスイングづくりにいかに大切なことかご理解いただけたでしょうか？

私たちプロは、個々のラウンドレッスンの他にプロアマ大会などでアマチュアの方々とラウンドさせていただく機会がよくあります。ご一緒した方々には、楽しんでいただくことはもちろん、少しでもお役に立てるようなアドバイスもさせていただきます。このとき、多くの方々はグリップをはじめとしてセットアップに問題を抱えていらっしゃいます。

しかし、セットアップをその日のラウンドでいきなり直すということは、お客さまも違和感との戦いになり、スコアを気にしなければならないときなど大崩れになりかねません。そのようなときは、プレー後に今後に向けてのアドバイスとしてセットアップの気付いた点をご注意させていただくこともよくあります。もちろん、その方のこれからのゴルフの向上には正しいセットアップが不可欠ではありますが、ラウンド中にいきなり直すことはとても難しいことなのです。

皆さんは基本のセットアップを早く自分のものにして、あとはスイングすればよいだけ、という状況をできるだけ簡単につくり出してしまいましょう。

第5章　ショートゲームを磨いてスイングの基本を学ぼう

「ショートゲーム」とは、グリーンやグリーン周りでのパッティング、アプローチ、そして、おおよそ100ヤード以内のコントロールショットのことをいいます。

このショートゲームが上手になるということは、スイングの基本を学べるだけでなく、スコアメイクという点でも大きな武器となります。これはショートゲームがスコアの65％を占めるということからも理解できます。

私がプロテストに合格したときのコースは、滋賀県の信楽カントリー倶楽部田代コースでした。このコースは打ち上げの砲台グリーンが多く、グリーンの奥からパッティングやアプローチをすると距離感を合わせることがとても難しかったと記憶しています。ましてやプロテストなどという大舞台では、ピンに寄る確率の低いアプローチはなるべく避けたいものです。

そこで、私が戦略として選んだのは、徹底してグリーンエッジまでしかショットを打たないということでした。私は花道付近からのアプローチを、拾って、拾って、拾いまくりました。その結果、プロテストに合格できたと思っています。

記録には残っていないでしょうが、間違いなく、パーオン率は最下位、パーセーブ率は上位だったと確信しています。

その頃の私のショートゲームは、豊富な練習量と感覚に頼っていた部分が多かったように感じます。しかし、ティーチングの勉強をして、スイングの振り幅を時計の文字盤に見立てて行うようになってからは、再現性が増して、さらにショートゲームが安定しました。そして、小さな動きからスイングの基本を理解できたことによって、ショットの安定性にもつながってきたのです。

この時計の文字盤に見立てたスイングの練習法は、ＪＬＰＧＡの指導では定番であり、誰にでもわかりやすいメソッドなので、ジュニアのレッスンにも取り入れられています。皆さんも、自分の体を中心にして広がる時計の文字盤をイメージして、ショートゲームからショットの基本を学びましょう。

パッティングからの応用

まず、パッティングの時のストロークを思い出してみましょう。

お尻を壁に付けたように下半身を固定して、両腕と肩でつくる三角形（五角形）を崩さないように体幹を感じながら「7時─5時」の振り幅でした。

このときの打ち方で、クラブを替えただけでも「パットチップ」と呼ばれる立派なアプローチショットになります。これはパッティングと同じように打つチップショットで、とても簡単なアプローチです。

使用するクラブはなんでもOKですが、ここではわかりやすくピッチングウェッジを使いましょう。

パッティングのようにボールの近くに立ち、グリップもパッティングと同じです。クラブをハンドアップ気味に持ち、地面に対してほぼ垂直に構えます。

クラブヘッドはトゥだけが地面に付いていて、ヒールは浮いています。トゥでボールを打つので、ソフトなショットになります。ピンがエッジから近いときや、下りのラインへのアプローチなど、ソフトなボールを打ちたいときには特に有効です。

ボールの位置がパッティングと違い、右目の下にセットするので、ハンドファーストの構えになり、少し左足体重になります。下半身は動かさず、ロフトがたくさんついたパターだと思って、パッティングと同じようにゆっくりリズミカルに打ってみてください。

ヘッドを無理に走らせるように動かさなくても、ボールはきちんとキャリーして、そのあとランするというお行儀のよい球筋になっていることに気付くでしょう。

パッティングとショットの違い

パッティングやパットチップでは下半身を動かさないので、腕の振り幅は当然限られてきますが、より遠くにボールを飛ばすショットにおいては、振り幅をもっと大きくしなければなりません。

そのためには、腕を体の捻転と連動させて振るようにします。腕をピンと突っ張る必要はありませんが、セットアップで学んだように肘の向きに注意して、腕と肩で三角形をつくるように伸ばして構えます。

腕と体の捻転運動の仕方がわからない方は、ラジオ体操にある「腕を左右に振って、体を捻じる運動」を行ってみるとわかりやすいでしょう。腕だけを振るのではなく、体の捻転と連動していることがわかります。

さらに、この運動をやってみると、腕を大きく振ることによって特に意識しなくても体重移動が自然にできることがわかると思います。体幹を使って体を捻じれば、体重移動は自然に行われるのです。

そして、お尻の動きがパッティングのときと明らかに違うことがわかると思います。パッティングのときは、お尻は壁に付けたままのイメージで、下半身を動かさないようにスイング（ストローク）していましたが、ショットではバックスイングの方向で右側のお尻が壁に触れ、ダウンスイングからフォローの方向で左側のお尻が壁に触れるという動きになるのです。

これから行うスイングの基本の動きでは、下半身の動きはパッティングとは別のものと考えてください。

距離の打ち分け

どんなクラブでもボールを打ち出すとボールはキャリーし、その後ランします。そのことを頭に入れて、使用するクラブやコースの状況によって、アプローチのショッ

スイング幅を時計の文字盤に見立てて振る練習を繰り返しましょう。振り幅は必ず左右対称に

トのイメージを膨らませましょう。

　距離の打ち分けは、振り幅の大きさだけでなく、クラブの選択によっても行います。クラブを替えることによって、同じ振り幅で振ったとしても距離の打ち分けができるからです。プロの選手は、同じクラブを使用して、振り幅で調整する人もいますし、何本ものクラブを細かく打ち分けて調整する人もいます。

　ここでは、時計の文字盤のスイングを使って、「7時―5時」「8時―4時」「9時―3時」の3種類の振り幅でスイングの基本を分類し、その基本の動きを習得すると同時に、アプローチの勉強をしていきたいと思います。

スイングの振り幅

●「7時—5時」

まず、基本となる振り幅は「7時—5時」です。「パッティング」でも使いますが、ここでは「ランニングアプローチ」で用いる方法をお話しします。

ランニングアプローチは、パッティングのようにボールを転がして寄せるアプローチです。小さな振り幅で転がすので失敗の少ない方法です。

クラブは距離と状況に応じて使い分けます。使用するのはアイアン、ユーティリティ、ウッドなど何でもOKです。ロフトがあるクラブはランが少なく、ロフトの少ないクラブはランが多くなり、より遠くに転がります。

まずクラブを短めに握り、狭いスクエアスタンスを取ります（右足と左足の間は靴1足分以内）。ボールの位置は左足かかと内側の延長線上、フェースを目標方向にス

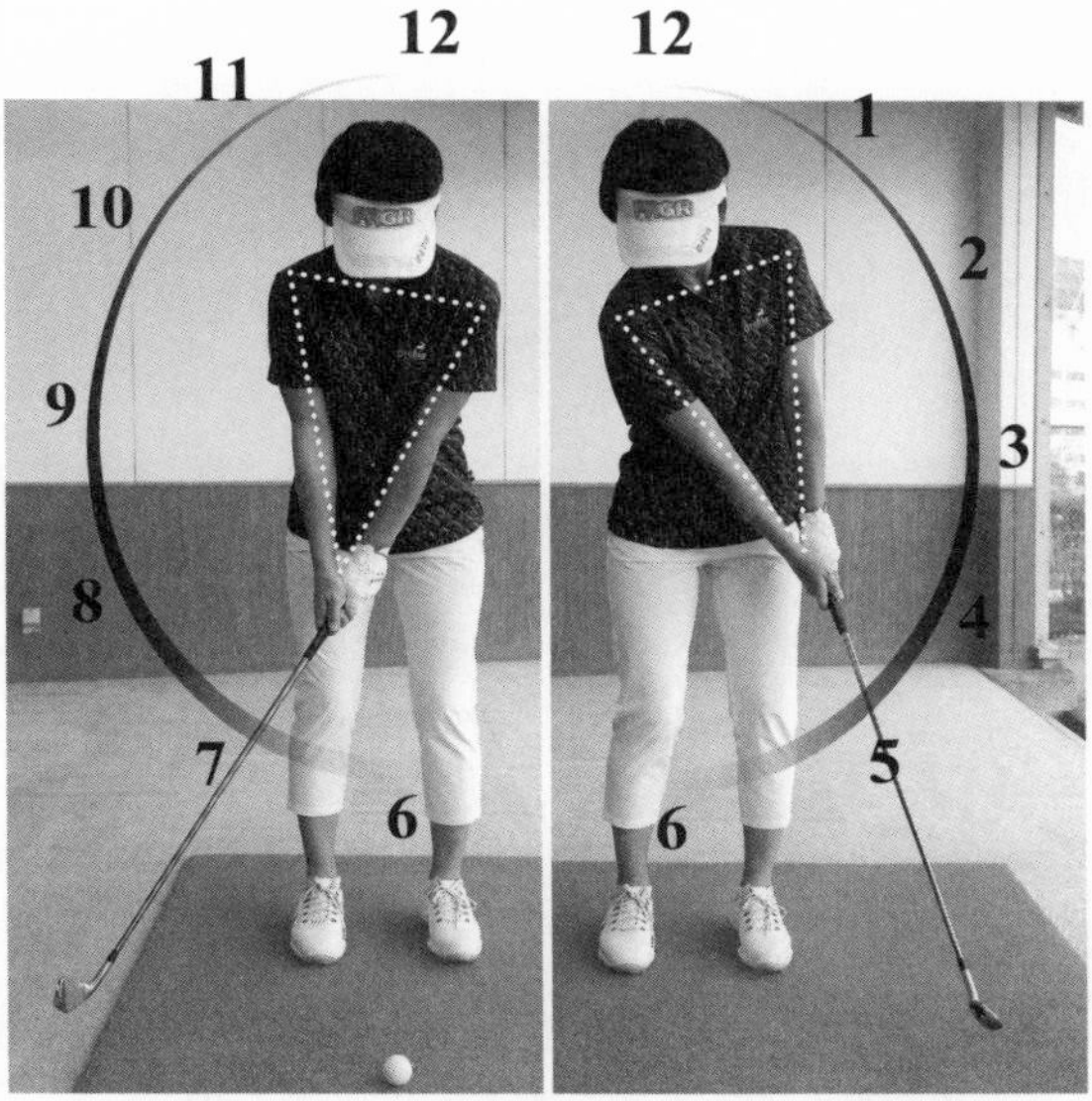

「7時—5時」のショット。両肩と腕でつくる三角形を意識してください

クエアに構え、両膝・腰・肩のラインは目標線と平行にし、体重は左右均等にかけます。

「7時—5時」の振り幅で、グリップを握る力加減を変えず、クラブヘッドの重さを感じながら肩と腕の三角形を保ち、左右対称に振ります。アマチュアの方々に多いハンドダウンで構えるのではなく、ボールの近くに立ち、ハンドアップ気味で構え、ほうきで掃くようなイメージで打ちます。

自分の基準となる番手の「7時—5時」の距離を知り、状況に応じてクラブを使い分ければ、アプローチの成功率がアップします。

アマチュアの方によく見られる失敗は、ボールから遠く、ハンドダウンに構えることが原因で、必要以上に手首をこねてしまうことです。手首の動きを最小限に抑えるためにも、ボールに近づき、ハンドアップ気味に構えましょう。

また、ボールの位置ですが、広いスタンスを取ることにより、ボールを右に置いて（なかには体の外に置く方もいらっしゃいます）、ハンドファーストの構えが極端になってしまっている方もよく見かけます。これではインパクトでロフトが立つので、必要以上に強いボールが出てしまいます。左目の位置からグリップを下せば、クラブの形状から自然にハンドファーストで構えることができるので、その構え以上にハンドファーストにする必要はありません。

●「8時―4時」

次にランニングアプローチの振り幅を少し大きくした、アプローチの「ピッチ&ラン」です。

グリップが緩まないように体の回転に沿って打ちます

ランニングアプローチと同じ要領で打ちますが、ボールを少し上げてグリーンに落とし、転がりを利用してピンに寄せるアプローチです。ボールを少し上げるので、ロフトがあるショートアイアンやウェッジを使うことが多いです。

セットアップはランニングアプローチと同じように、クラブを短めに握り、狭いスクエアスタンスを取ります（右足と左足の間は靴1足分以内）。

ボールの位置は左足かかと内側の延長線上、フェースは目標方向にスクエアに構え、両膝・腰・肩のラインは目標線と平行にします。体重は左右均等にかけ、「8時―4時」の振り幅で打ちます。両手のグリップが緩まないようにして、体の回転に沿ってヘッドを振り抜きます。

よく「フェース面を変えないように」「手を返さないように」と意識しすぎて、フォロースルーでグリップと体を離してしまう方がいらっしゃいますが、この打ち方では打点が安定せず、距離感が合いません。

ポイントは、肩と腕の三角形を保ちながら左右対称に振り、グリップエンドが常に体を指すように、体と同調させることが大切です。失敗しないためには、クラブを短く持って、ボールの近くに立ち、ハンドアップ気味に構えることです。ソールが芝の上を滑るのでダフりにくくなり、安定したアプローチショットを打てるようになります。

「8時―4時」のスイングでは、「7時―5時」のスイングではあまり感じられなかった、重心の移動や体幹の動きを感じられるようになります。スタンス幅が狭いのでフットワークを使っていないように感じますが、体の捻転を使っているので重心は自然に右から左へと移動します。

この基本の「8時―4時」の動き、簡単そうで意外とできていない方がいらっしゃいます。ヘッドを動かす意識が強すぎると、手首を使い、クラブヘッドが手よりも先行してしまいます。また、体幹を意識せずに手だけで上げてしまうと、バックスイングが8時の位置では止まらず、大きなテイクバックから振り下すことになり、インパクトが緩んでしまってミスショットにつながります。

この「8時―4時」のスイングは、地味な動きですが、実は全てのショットの基本で、各ショットのテイクバックの初動にもつながる大事な動きなのです。

★「8時―4時」の体幹・体感ドリル

アプローチショットだけでなく全てのショットの基本である「8時―4時」の正しい体の使い方を体感できるドリルをご紹介します。

クラブを持たずに足を軽く開いて立ち、両手をそれぞれ「8時」と「4時」の位置に開きます。片方の手に反対の手を持っていきます。思ったよりも体幹を使うことが感じられると思います。この動きを左右繰り返し行うことで、手だけでなく体の使い方を覚えることができます。クラブを持ったときに、この手の位置にグリップが来るように意識できるようになれば、手首をこねることなく、体幹を使った正しい振り幅が身に付きます。

●「9時―3時」

それでは、さらに振り幅を大きくしてみましょう。この振り幅でスイングするアプローチは「ピッチショット」と「バンカーショット」です。

また、通常の「アイアンショット」や「ドライバーショット」もこの「9時―3時」の振り幅をベースにスイングをつくります。

ピッチショットは、サンドウェッジやアプローチウェッジのロフトを活かしてボールを上げ、ピンの近くに落として止めるショットです。バンカーや池など、障害物を越えたい状況で使用します。また、ボールが深い芝の中にある状態でも、フェースのロフトがあるので芝を切りボールを打ち出すことができます。

ここではシャフトが示す時刻ではなく、腕がそれぞれ９時、３時の位置にあります。腕とシャフトでつくる「L字」を意識してください

セットアップの方法は、ランニングアプローチやピッチ&ランよりも少し広めのスタンス幅のスクエアスタンスを取ります。

ボールは左足かかと内側の延長線上にセットし、肩の向きを目標線と平行にして、ランニングアプローチやピッチ&ランのときよりボールから離れて立ちます。

バックスイングは手首のコックを使い、ピッチ&ランよりも大きくします。左腕が「９時」のところにきたときに、腕とシャフトで大文字の「L」をつくるようにします。インパクトではグリップが緩まないようにし、ヘッドの重さを感じながら振り抜きます。フォロースルーでも右腕が「3時」の位置にきたときに、腕とシャフトで大文字の「L」をつくります。時計の文字盤に沿って体の回転を使って、リズミカルに振ることを心がけましょう。

★時計の文字盤 逆打ちドリル

上体が突っ込んだり、手打ちになったりするのを防ぐドリルで、時計の文字盤をイメージして行います。

まず、ボールの手前に構えます。逆打ちをするように、先に「3時」の位置までクラブを振り上げて「L」をつくり、そのまま「9時」まで戻して「L」をつくり、そこから左足を1歩踏み込んで、3時までの振り幅で打ちます。左右対称なリズミカルなスイングが身に付き、クラブの動きと体の回転が伴った、スムーズな体重移動が身に付きます。

ここで、ピッチショットの応用として、「ロブショット」を説明します。ロブショットとは、ピッチショットより、さらにボールを高く柔らかく打つ方法です。ロブショットでは、体の向きを目標のやや左に向け、クラブフェースをわずかに開いて構えます。通常のピッチショットよりスタンス幅を広くし、大きくゆっくりスイングします。グリーンエッジからピンまでの距離が短く、かつグリーンが速いときなど、難易度の高いアプローチが求められますので、ご自分の技量に合わせてチャレンジしてみましょう。

次に「バンカーショット」です。バンカーショットが苦手だという人は少なくありません。でも、バンカーショットを特別なカテゴリーに区分しないで、「9時―3時」のショットとしてここに加えたのには意味があります。

実はバンカーショットはそれほど難しいものではありません。基本さえわかれば、意外に簡単に脱出できることをご説明しましょう。

まず、バンカーにはホールの途中にある「フェアウェイバンカー」や「クロスバンカー」、そしてグリーンの周りにある「ガードバンカー」があります。これらは同じバンカーでも、打ち方を分けて考える必要があります。

フェアウェイバンカーやクロスバンカーでは、脱出はもちろんですが、距離も出さなくてはいけません。土手の高さや、ボールの止まっている状況にもよりますが、バンカーの砂も少なめで固く締まっていることも多いので、通常のショットと同じように打つことができます。足場を安定させ、クラブは短めに握り、「9時—3時」のコンパクトなスイングで、ダフらないようボールだけを打ちます。

それに対して、グリーン周りにあるガードバンカーでは、グリーンまでの距離が短いので、ボールを直接打たずに砂の爆発力を使ってボールを飛ばす「エクスプロージョン・ショット」を行います。

このエクスプロージョン・ショットでは、使用するサンドウェッジやアプローチウェッジのクラブの特性を利用します。ウェッジにはソールの部分にバンスと呼ばれる厚ぼったく出っ張った部分があります。これは砂にクラブを深く潜りこませないようにするものです。これがあるため、クラブがボールの下の砂を潜り抜けていってくれるのです。

打ち方は、ボールの手前の砂にクラブのソールを打ち付け、砂を爆発（エクスプロージョン）させ、その衝撃力でボールを出します。スイングは「9時―3時」を基本として、体の回転を止めずに、ボールの下の砂ごと打ち抜きます。

フェースを開くのか、開かないのかを気にされる方もいらっしゃいますが、最近のクラブは性能がとても向上しているので、フェースを開かずにショットしても、ラクにバンカーから脱出することができます。このバンカーショット（エクスプロージョン・ショット）でのポイントは、ズバリ「構え方」です。

普通に振れば、簡単にボールを出せるはずのこのバンカーショットですが、そのためにはダフリやすい状況をつくっておくことが重要です。ダフリやすい状況をつくるための構えは、まず、両足かかとを目標線と平行にしたスクエアスタンスを取ります。スクエアスタンスでは左足つま先を開いて構える分、両足つま先のラインは左側を向いているように感じられます。

ポイントは、両足を砂に埋めて、自分が低くなることにより、ダフリやすい状況を

バンカーショットの打ち方

つくることです。ボールの位置は、左足かかと内側の延長線上で、フェースを目標線と直角に合わせます。クラブを短く握り、腕をだらりと下げたところでグリップし、ヘッドを浮かせて構えます。すると自然にハンドダウン気味の構えになります。

簡単な目安としては、自分の身長を10センチほど低くして構えるイメージです。私のレッスンでは、バンカーが苦手だという方にはまず、背を低くするイメージをもっていただきます。１７０センチの身長の方

後方からの構え方

なら、160センチほどになるように、両足を砂に埋めつつ腰を落として構えていただきます。バンカーではクラブヘッドをソールできませんから、ソールしないように構えると自然にハンドダウンの構えになります。そうすることで、手首に角度が付き、自然にコックができやすくなり、クラブのバンスを利用して砂の爆発力でボールを飛ばすことが可能になります。

バンカーの練習を重ねていくうちに、ウェッジのソールの部分が削れてきたら、あなたのバンカーショットの腕もきっと上がってきていることでしょう。

PWで距離を打ち分けてみよう

ここまでは振り幅に合わせてどんなアプローチショットを打つことができるのかを

説明してきました。次に1本のクラブで距離を打ち分ける練習をしてみましょう。

スコアメイクにおけるショートゲームの大切さは、散々ご説明してきました。グリーン周りのアプローチショットも含め、自分のピッチングウェッジ（PW）の通常の飛距離以内をショートゲームと考え、練習をするとよいでしょう。

仮にピッチングウェッジでいつも100ヤードを打っているとすれば、スコアメイクのためには、ピッチングウェッジのショットで確実にグリーンを捉える必要があります。

そして、このピッチングウェッジで40ヤード、60ヤード、80ヤードの打ち分けを、時計の文字盤の振り幅に当てはめてそれぞれコントロールできるようにします。

コツは、どの振り幅でも、テイクバックとフォロースルーが左右対称に動くようにすることです。

私の場合ですが、ピッチングウェッジ、アプローチウェッジ、サンドウェッジのそれぞれの振り幅で距離の打ち分けができるように練習をしています。「7時―5時」「8時―4時」「9時―3時」の打ち分けはもちろんですが、自分だけの特別なポジションも振り幅の目安にしています。

例えば、「9時―3時」のときに腕とクラブでLをつくりますが、Lをつくらない(コックをしない)「シャフトが9時―3時」の振り幅を加えるなど工夫を重ね、10ヤードないし、5ヤード刻みでショットが打てるようにしています。

そして、このような距離の打ち分けの練習こそが、私の練習の半分以上を占めているのです。

あれ？ 自然にスイングができてきた！

今まで、何となく感覚で打ってきたショートゲーム。でも、時計の文字盤に例えてスイングを考えることで、シンプルに考えられ、かつ再現性が高くなった気がしませんか？

ここではショートゲームを通じて、スイングの基本の「7時―5時」「8時―4時」「9時―3時」を学びました。振り幅が大きくなっていくにつれて、スイングの形はもちろん、距離もほとんどフルスイングと変わらないくらいになってきていることを感じられるでしょう。

むしろ、コンパクトに振り出したらミート率が上がり、今までよりも距離が出てきたという方もいらっしゃるかもしれません。

逆に言えば、自分のフルスイングの距離をしっかり知って、その振り幅を小さくしていけば、距離の打ち分けができ、ショートゲームが確実によくなるということです。

フルショットのスイングでは、実際にクラブの通る位置はドライバーでは「11時―1時」、アイアンでは「10時―2時」の大きさになりますが、これはスイングに勢いがついているためで、「9時―3時」のポジションで止まらず、自然に大きくなるからです。

意識して振り幅を大きくすると、軸がブレたり、スエーをしやすくなります。いつも「9時―3時」の振り幅を意識してスイングができれば、コースでは力みも取れてリズムよくプレーできるでしょう。

「9時―3時」のスイングまでできた皆さん。基本となるオンプレーンのスイングは完成です。あとは、自分に合ったスイングを見つけていきましょう！

第6章　自分に合ったスイングをつくろう

スイングの形

ここまではショートゲームを通じてスイングの基本を学んできました。

では、具体的にフルショットのスイングに時計の文字盤を当てはめると、次のようになります。

ここで誤解しないでいただきたいのは、前章でも述べたように、いつも「9時―3時」の意識でスイングすればスイングは勢いがついて自然に大きくなるので、意識して大きくしないことです。

①アドレス「6時」……ボールを打つために構えます。

②テイクバック「7時→8時」……バックスイングの初期動作を行います。手と腕、そして上体が一体となってクラブを動かします。

③バックスイング「9時」……テイクバックからさらに振り上げ、前傾姿勢を保ちな

がら回転していきます。体重も右にかかってきて、右肘は曲がり始め、手首のコックが始まり、クラブが上方に上がっていきます。スイング軸をイメージして、左腕、左肩を動かして上半身を捻じっていきます。

④トップオブスイング「10時（アイアン）」、「11時（ドライバー）」……クラブを振り上げる動作と振り下す動作の切り返しの一瞬です。

⑤ダウンスイング「9時↓8時↓7時」……バックスイングで右に捻じった上半身を戻す動作で、下半身から主導して行います。トップオブスイングでつくられた手首の角度を保ちながら、左腕を主としてクラブを引き下します。

⑥インパクト「6時」……クラブヘッドがボールに当たる瞬間です。クラブを振り抜く途中の〝通過点〟と考え、力を入れるポイントとして考えてはいけません。ダウンスイングの途中まで、下半身によって引き下されたクラブヘッドは、先行していた腰

の動きに追いついて、スクエアなインパクトを迎えます。

インパクトでは左腕とシャフトがほぼまっすぐになり、右肘はまだ伸ばしません。右手（右腕ではない）はダウンスイングからフォロースルーまで左手の上にあります。頭はボールのやや後ろに保っておくことが大切です。

ここではインパクトをアドレスと同じ「6時」としていますが、インパクトはアドレスの再現ではありません。アドレス時のグリップの位置が、インパクトでは10センチほど飛球線方向に出て、ハンドファーストになります。

また左手首はアドレスのときよりも手の平側に折れます（掌屈）。よって、左腕とクラブが一直線になり、フェースを開かずにインパクトできるのです。

⑦フォロースルー「5時→4時→3時→2時→1時」……インパクトの後、クラブが振り抜かれていく動作です。インパクトからフォローにかけて体重が左に移動します。曲がっていた右肘は伸び、左肘は下を向きながら曲がっていきます。インパクト直後、クラブヘッドは一瞬目標方向に振り出され、その後はスイングプレーンに沿っ

てフィニッシュへと向かいます。

⑧フィニッシュ「終点」……バランスを保ち、タイミングよくスイングされた結果としてできるものです。目標方向にしっかりおへそを向け、3秒止まる意識でバランスよく立ちましょう。

以上のようなスイングの順序をよく理解して、「インサイド・スクエア・インサイドの基本のオンプレーンスイング」を身に付けましょう。形としてしっかり覚えるには、ボールを打たないで習得することが大切です。さらにスローモーションで一つひとつの動作をゆっくり確認することによって、体の使い方がわかります。

スイングプレーンを意識してボールを打ってみよう

前章では、ピッチングウェッジを使用して100ヤード以内の距離を打ち分ける練習をしました。時計の文字盤を使い、針の左右対称の振り幅を意識しながらスイングすると、スイング軌道が安定することがおわかりいただけたと思います。

そこで、この方法を他のクラブにも応用していきます。ショートアイアン、ミドルアイアン、ロングアイアン、ユーティリティ、フェアウェイウッド、そしてドライバーと練習していきます。

打ち方は基本的にはどのクラブも同じです。しかし、長さが違うので構えたときにクラブの見え方が違い、スイングプレーンもアップライト、フラットといった違いが出てきます。肩幅くらいのスタンスを取り、クラブを少し短めに持ち、低いティアップをして練習してもよいでしょう。

ここで注意していただきたいことは、これは飛距離を求める練習ではないことです。

それぞれの振り幅によって、飛距離も高さも変わってきますが、インパクトでボールを叩くのではなく、あくまでもスイングプレーンに沿ってスイングし、その結果、ボールを捉えられているということを感じていただきたいのです。

スイングの軸を背骨にイメージして、時計の文字盤の振り幅で腕の振りを意識します。小さい振り幅から大きい振り幅へと徐々にスイングを大きくしていき、振り幅が大きくなれば、体の回転に伴って自然に体重移動が行われます。クラブが変わっても、スイングのテンポ、リズム、タイミング（体を動かす順序）は同じになるように意識しましょう。

ボールの飛び方を新理論で考える

従来、ボールの打ち出し方向はスイング軌道によって決まり、ボールの曲がりはクラブフェースの向きによって決まるとされてきました。

しかし近年、ハイスピードカメラなどの科学的見地から、「フェースの向きが打ち出し方向に大きく影響を与え、インパクト時のクラブパスとフェースの向きの関係がボールの曲がりを決める」ということがわかってきました。

この理論によれば、例えばアウトサイドインのクラブパスで振ったとき、従来ならボールは左に飛び出すとされてきましたが、フェースが右を向いていればボールは右に飛び出すということです。

ちなみに、打ち出し方向は100％フェースの向きで決まるわけではなく、ドライバーは80％、アイアンは75％の影響を受けるといわれています。

また、「スイングプレーン」は、スイング全体としてどの方向に振ったのかを示すものであるのに対し、「クラブパス」はスイングプレーンからインパクトの部分だけを切り取ったものです。

基本とされるオンプレーンのスイング（ターゲットに対してインサイド・スクエア・インサイド）で考えれば、スイング軌道の最下点でインパクトすれば、クラブパスはストレートになります。しかし、アイアンショットは最下点の手前（右）で打つので、クラブパスはインサイドアウトになり、これに対しドライバーはアッパーブローで最下点より先（左）で打つので、クラブパスはアウトサイドインになります。そして、このクラブパスとフェースの向きのズレがスピン軸を傾かせ、ボールの曲がりを生むのです。

従来の理論なら、コースでスライスが止まらなくなったらアウトサイドインの軌道を疑い、インサイドからクラブを下すようにということになります。

しかし、これからはまず飛び出したボールの方向をチェックし、インパクトのフェースの向きをチェックします。次にどのように曲がったかをチェックし、クラブパスとフェースの向きの関係を考えます。そして、打ちたい球筋に対して最適なボールの位置も考えなければならないのです。

なんだか、とても難しいお話になってしまいましたね。この新理論は『Dプレーン理論』と呼ばれるもので、熱心なゴルファーは既にご存じだと思います。

スイングは、人それぞれ入射角やスイングプレーンも違います。トラックマンなどの弾道測定器を使用し、その人の飛距離や方向性が何によって影響を受けているのかを、数値を見て判断してもらい、練習課題やアドバイスを受けることは、ゴルフの上達にとってはとても有効な手段です。

また、この理論を理解して自分で打ったボールを自己分析できるようになることも上達への近道になります。

しかし、芯でボールが打てない、毎回スイングが違う、基本的な体の動かし方がわからないという状態では、最新機器の恩恵は受けられません。

スイングには基本はあっても、これでなければダメという正解はありません。人によってスタンスが基本よりもクローズのほうが飛距離を効率よく出せるかもしれないし、打ちたい球筋によって、基本とされるボールの位置も変わってきます。しかし、基本の形や体の動きを理解することは、安定したスイング軌道を身に付け、その後の上達に必ず役に立ちます。

よって、まずは基本のスイングの形と動きをしっかり身に付け、そこから自分に合った再現性の高いスイングをつくっていけばよいのです。

スイングを自分のものにしていくために

スイングは形も大事ですが、ある程度ヘッドスピードが上がらなければボールを正確に遠くへ飛ばすことはできません。また、反復練習をしなければ、ゴルフで大事な「当たり前のことを、当たり前にする」ための再現性も生まれません。そこでここでは、スイングを自分のものにしていくために、様々なドリルをご紹介していきましょう。

ゴルフの練習とは、ボールを打つことだけと思っている方が少なくありません。しかし、ボールを目の前にすると、上手に打つこと、まっすぐ飛ばすことが目的になってしまい、スイングづくりが疎かになってしまいます。それ故に、ボールを打たずにシャドースイングをしたり、素振りを繰り返したりすることが大切になってくるのです。

ドリルを行うときは、ドリルの動きに集中してください。そしてドリルを行った後は、ぜひ、ドリルの動きと実際のスイングやショットを連動させてみてください。つまらない反復練習こそが、「当たり前のことを、当たり前にできる」ことへの第一歩です。

ここでは、クラブを持たないでできる「シャドースイング」「素振り」、そして実際にボールを「打つ」ドリルをご紹介します。

これらのドリルを繰り返し試して、自分の課題を見つけてスイングづくりに取り組んでいってください。

そして自分に合ったスイングがわかったら、飛ばしに特化した練習もよし、科学の力を借りて分析するもよし、体に負担の少ない長く続けられるスイングをマスターするもよし、皆さんの目的にあった再現性の高いスイングを目指していってください。

ただし、迷ったときにこそ基本に立ち戻って、オートマチックに体が連動していくセットアップになっているかを確認してください。

【シャドースイング】

★ジャンプしてしっかり地面をつかむ

日ごろの疲れや筋肉の衰え、ゴルフ場への車の運転などで足腰が弱っていて、しっかり地面を踏めていない方が多いようです。

上体の力を抜いて、足の裏を感じながら、しっかり着地するジャンプを繰り返します。上体の力みも取れて腕をだらりと垂らしやすくします。ゴルフ場の芝の上なら、腰や膝にも負担が少なくてよいですね。

★お腹を動かす意識を持つドリル

スイングではとかく腰の回し方を意識する方が多いのですが、お腹を意識して動かせば、連動して腰も動くということを体感していただくドリルです。

肩幅くらいのスタンスを取り、両手をだらりと垂らしてクラブを横に持ち前傾します。頭とクラブを動かさないように、おへそと股関節をゆっくり左右に連続して捻ります。お腹を使うことが意識できればＯＫです。クラブを持つ代わりに、壁に手をついて行ってもよいです。

★ふすまの幅でスエー防止

スイング中に体が左右に動いてしまう体のスエーを防ぐドリルです。

ふすまや引き戸をスタンスの幅（肩幅くらい）に閉め、その間に立ちます。左右の戸や柱に体が触れないようにシャドースイングすることによって、軸を中心とした回転の感じがつかめます。

★お尻で壁ドン

下半身の動かし方を理解するドリルです。

壁を背にして5～10センチほど離れて立ちます。テイクバックでは右のお尻を壁に付け、ダウンスイングでは前に出た左膝を真後ろに伸ばしながら左のお尻を勢いよく壁に付け、腰を回転させて、左足に体重を一気に乗せます。慣れてきたら回転のスピードを上げていきましょう。

★ペットボトルぶらぶらドリル

クラブに振られる感覚が身に付くドリルです。

水の入ったペッドボトルを「8時―4時」の振り幅で水の重さを感じながらぶらぶらと振ります。クラブに振られる感覚を身に付けると、クラブヘッドが自然に走り、自分でフィニッシュを取りに行くのではなく、自然にフィニッシュが取れるようになります。

★本を挟んで腕のローテーションを覚えるドリル

スイング時における正しい腕の使い方を覚えるドリルです。

胸の前に腕を伸ばし、手の平を上に向けます。そのとき、肘の向きを保ったまま、両手の平で本を縦に挟みます。本を挟んだまま、手の平と手の甲を交互にひっくり返します。次に「9時―3時」の振り幅で、「9時」の位置では表紙、「3時」の位置では裏表紙が上になるようにします。これを繰り返し行い、スムーズな腕の動きを身に付けましょう。

★ボール投げドリル

スイング時の体の捻転が身に付くドリルです。

バランスボールのような大きめのボールをスイング軌道に沿って左方向に投げます。ポイントは手だけでなく、体全体を使って捻転を意識して投げることです。体全体を使って投げると、ボールはまっすぐ行きますが、手だけで投げるとボールは左に行ってしまいます。ボールの代わりにクッションを使ってもＯＫです。

【素振り】

★ボール挟み素振りドリル

軸のブレを防ぐドリルです。

両脚でボールを挟んで素振りをします。スイング軸のブレを防ぎ、下半身の強化にもつながります。

★重いものと軽いものを交互に素振り

重いものでパワーアップ、軽いものでスピードアップ。

これを交互に繰り返すことによって、重いものでもスピードを出して振れるようになり、ヘッドスピードが上がります。

★体幹を鍛えるビュンビュンドリル

肩幅くらいのスタンスを取り、足はべた足のまま、軽いスティックを「9時―3

時」の振り幅で連続してビュンビュン振ります。「1、2、3、4、5！」の掛け声で「5」のときに一気にフィニッシュまでもっていきます。これを10セット繰り返します。

★左ポケットを引っ張り、お腹を回そう

正しいトップを取り、左手でクラブを持ったまま、右手を背中側から左側の尻ポケットに入れます。このポケットを左後ろに引っ張れば、お腹が連動してダウンスイングが始まります。体の動かし方がわかります。

★フィニッシュで止まって、右足のつま先をトントン蹴る

バランスのよいフィニッシュをつくるドリルです。

フィニッシュでは左に体重をしっかりのせてバランスよく立ちましょう。体重が右サイドに残ったままだと、つま先で地面を蹴ることはできません。

★腕バンジードリル

左腕の使い方、適度な腕の力の抜き方、正しい軌道の確認ができるドリルです。正しいトップの位置をつくり、右手はクラブを持ったままの位置で、左腕だけ力を入れずに離します。すると左腕は重力で下がります。このときの腕が下がる感覚が左腕の使い方のイメージとなります。ダウンスイングで右肩が出てしまう方にはとても有効です。

★クラブ水平振り

腕の正しいローテーションを身に付けられるドリルです。シャドースイングの「本を挟んで腕のローテーションを覚える」のクラブを振るバージョンです。自分の胸の高さで水平にクラブを振ります。周りに注意して行ってください。

★クラブ2本持ちドリル

腕の動きの感覚を養うドリルです。

クラブ2本を右手と左手で1本ずつ持ちます。クラブ同士の間隔を変えず「9時—3時」の振り幅で左右対称にスムーズに振ります。手打ちだとクラブが交差してしまい間隔を保てません。特にフォローからフィニッシュにかけての左腕の動きがぎこちないと、クラブが当たってしまう方が多いようです。腕の使い方を覚えて、正しいスイングを身に付けましょう。

★バックスイングの位置を確認するドリル

正しいバックスイングの位置がわかるドリルです。

フィニッシュの方向から逆方向に打つつもりでバックスイングします。クラブヘッドの重さを感じてリズムよく振ってください。すると自然に体重移動ができ、理想の位置にクラブを上げることができます。このバックスイングの位置から正しい体重移動でスイングすれば大きなスイングアークとなり、ヘッドスピードが上がります。

クラブ2本持ちドリル

【打つ】

★ボール挟みドリル

手打ち防止のドリルです。

胸の前に小型のボールを挟んで、ボールを落とさないように「9時—3時」の振り幅で素振りをします。手だけで振ろうとするとボールが落ちてしまいます。素振りを繰り返した後、実際にボールを打つと、体の回転でボールを打つ感覚がわかります。

★短いクラブで体幹を感じるドリル

ゴルフのスイングにおける側屈の重要性が理解できるドリルです。

子ども用ほどの短いクラブで（クラブを短く持ってもよい）、上体を深く前傾してボールを打ってみます。

まずは、お腹を引っ込めないとクラブが触れないことが理解できます。そのうえで左右の脇腹を伸び縮みさせる側屈の動きをして肩を縦方向に回転させる意識を持つ

ボール挟みドリル

と、手を下ろす空間感ができ、ボールと体の距離がキープされてクラブがボールに届きます。ゴルフのスイングにおいて、回転だけでなく側屈が加わらないと前傾角度が保てないことが理解できます。

また、通常のスイングのバックスイングにおいて、両肩と腕の三角形を崩さず、7時、8時、と上げていく過程で、側屈の意識も加えることによって、クラブがインサイドに入りすぎることを防ぐことができます。

★左足1本ドリル

重心の位置を確認するドリルです。

左足1本で立ち（右足のつま先を地面につけてもOK）、「8時―4時」と「9時―

左足1本ドリル

3時」の振り幅で打ちます。スイングでの重心の位置がわかります。また、左足を軸にした下半身と上半身が連動した捻転が理解できます。股関節を柔らかくする練習にもなり、バランス感覚もよくなります。同じ動きを右足でもやってみるとよいでしょう。

★スイングプレーンチェックドリル

正しいスイングプレーンを確認するドリルです。

フェアウェイウッドを使い、ドライバーの時よりも少し低いティアップで、ティに触れないようにボールだけをクリーンに打ちます。ティを打ってしまったら、正しいスイングプレーンができていないことになります。インパクトでボールを叩くのではなく、スイングプレーンに沿ってスイングし、クリーンにボールを捉えられるようにしましょう。

第７章　コースでは１００％を望まない

心のスイッチの切り替え

グリーンから始まったレッスンもティーインググランドまで辿り着きました。基本の打ち方は何となく理解できたとしても、次はこれをどのようにコースで活かすかです。

よく「練習場ではよいショットが出るのに、コースに出るとミスショットばかり出てしまう」と嘆く方がいらっしゃいます。これは、練習場とコースで「心の準備」を変えていないからです。

練習場では技術の習得や分析をし、さらに反復練習をします。しかし、コースでは自分の今の技術に自信をもって、その中で様々なショットに対応しなければなりません。コースでスイングを直したり、ショットを分析し始めると悲惨な結果となります。技術面の問題はホールアウト後に考えるようにしたいものです。

もちろん、スイングを全く考えないと言ったら嘘になります。しかし、アマチュアの方々の多くは、打つ前はもちろん、ボールが落下するまで結果ばかりを考えています。

それに対して、私たちプロが実践する方法は次のようなものです。ショットに必要なことは打つ前に全部考えてしまい、打つときはそれを実行するだけという考え方です。

①頭の中でショットをビジュアル化してクリアなイメージを持つ。
②どんなショットを打つのか明確に判断する。
③ショットを感覚で思い出すために素振りをする。
④ボールを打つ。
⑤最後に結果を見る。

ゴルフは、ショットとショットの間に時間のあるスポーツです。そして相手に反応して動くのではなく、自分で考えて動き出すところがとても難しいのです。

傾斜地への対応

練習場とコースの違いには「傾斜地への対応」という問題も出てきます。コースには様々な起伏があり、傾斜の傾いている方向によって対処の仕方が変わってきます。ここでは主な4つの基本的な打ち方をご紹介します。

傾斜地でショットをする場合、とくに大事なのは次の3点です。

①バランスのよい安定したアドレスを取ること。
②ボールの位置をスイングの最下点にすること。
③コンパクトなスイングを心掛けること。

多くのアマチュアの方々が傾斜地のショットを苦手とする原因は「振りすぎ」にあります。足元が安定しないので、大振りすると軸がブレ、ボールを正確に打つことができません。「9時―3時」のスイングを基本に、大振りを避け、コンパクトなスイングに徹します。

★くるくる回ってライを確認するドリル

実際にコースで傾斜地にいくと、このライはどんな傾斜なのかと頭の中がこんがらがってしまう方が多いようです。

コース以外で素振りのできる場所を見つけることはなかなか大変かもしれませんが、傾斜地を体感できる方法をご紹介します。

まず、つま先上がりの傾斜に立ちます。その場所で90度ずつ時計と反対周りで回転しながら体の向きを変えると、左足下がり、つま先下がり、左足上がり、と4種類の傾斜を体感することができます。また、90度ではなく45度に回転をすると、「左足下がりのつま先上がり」といった複合の傾斜も体感できます。

それぞれの傾斜で素振りをし、バランスよく振れるスイングを身に付けましょう。

では、基本的な4つの傾斜地からの打ち方から学びましょう。

①左足上がり

ボールが上がりやすく、傾斜地のショットの中でも、比較的ラクに打てるショットです。

まず、スタンスの幅は通常よりも狭く取ります。軽いオープンスタンスを意識して、傾斜がきつくなるにつれて少しずつ広くして構えます。

アドレスはできる限り傾斜に逆らい垂直に立ち、左膝の曲げ具合でバランスを整えます（傾斜が緩やかな場合には斜面通りに立つこともあります）。

傾斜がきつい場合には、右足に体重が多くかかります。体重が右に残り気味でショットするため、フックボールが出やすいので、あらかじめ目標の右を狙います。

傾斜なりに打つとインパクトでロフトが多くつき、距離が思ったほど出ないことがあるので、クラブ選択に注意が必要です。

②左足下がり

ボールが上がりにくいので、ボールを無理に上げようとして、スイング中の前傾が崩れ、ミスをすることが多いショットです。

重心を低く保ち、コンパクトに振り抜くことがこの傾斜地での重要なポイントです。

スタンス幅は通常より広めに取り、軽いオープンスタンスに構えます。アドレスは右膝の曲げ具合で垂直な姿勢を取ります（傾斜が緩やかな場合には傾斜なりに立つこともあります）。

傾斜がきつい場合は左足体重となり、ボールが上がりにくいのでオープンスタンスの度合いを大きくします。フェースのロフトが立って当たるので、ボールが上がりにくく、キャリーが出ず、着地してからランが多くなります。また、スライスボールが出やすいので、あらかじめ目標の左を狙います。

③ つま先上がり

ボールの位置が足の位置より高くなるので、バランスのよいアドレスでコンパクトなスイングを心掛けましょう。

スタンス幅は傾斜がきつくなるにつれて広めていき、ボールの打ち出す方向にスクエアスタンスを取ります。クラブは傾斜に応じて短めに持ちます。

つま先上がりでは自然にかかと寄りに重心がかかりますが、このまま膝を深く曲げてかかと体重で構えるのではなく、体重を少しつま先寄りにかけて、両膝を軽く曲げ、スイングがしやすいバランスを取ります。大振りせずに、バランスよくスイングすることがポイントです。

斜面なりに構えるとフェースは左を向きます。さらにボールの位置が高いのでフラット（横振り）なスイング軌道になりやすく、フックボールが出やすくなります。よって、あらかじめ目標の右を狙います。

④つま先下がり

左足下がりのショットと並んで、難易度の高いショットです。ボールの位置が低くなるため、適切な構えができていないと、大きなミスショットの原因になります。

傾斜に合わせて膝を曲げ、ボールまでの距離を合わせます。体重は少しかかと寄りにかけてバランスを取ります。

傾斜がきつくなるにつれてスタンス幅を広くし、オープンに構え、両膝の高さを保ちながらコンパクトにスイングします。ボールの位置が低くなるとフェース面が右を向きやすくなり、ボールはスライスしやすくなります。よって、目標の左を狙います。

以上、主な傾斜の基本的な打ち方を説明しました。

ここでよく皆さんが斜面ショットで悩まれる「重力に垂直に構えるのか」「斜面に垂直に構えるのか」ということについて触れます。

あくまでも私の見解ですが、バランスのよいスイングを考えるには、重力に従ったほうがよいと思います。

山歩きやスキーをするとき、斜面にいることを想像してください。左足下がりの斜面では自分の体は重力に垂直、左足で体を支え、右膝を曲げ、左足をしっかり踏みこみながら歩きますよね。もし斜面に対して垂直に立ったら？　想像しただけでもよろけてしまいます。

また、右足に多く体重をかけたとしても、右に体が傾き滑ってしまうでしょう。ゴルフも同じで、斜面に対してバランスのよい安定した構えができることがとても大切です。このようにバランスをとったときに、傾斜に合わせて右膝を曲げ、左足に体重が多くかかった状態で構えると、腰のラインは左のほうが傾斜の度合いに合わせて下がります。

その腰の傾きに肩のラインを合わせて構えると、ほぼ肩のラインも腰のラインも斜面に平行になります。そうすると、斜面に沿ったスイングがしやすくなり、ボールにしっかりコンタクトできるようになります。

つまり、この形は斜面に垂直の構えとほぼ一緒だと思います。結果的には同じことにはなりますが、斜面ショットの絶対的条件である、「バランスのよい安定したアドレスを取ること」を念頭においてイメージしやすい方法を選んでください。

私のお薦めは、傾斜地に来たらその場で足踏みをすることです。地面をしっかり踏むことができて、重心の位置もわかります。

コースでは、「つま先上がりの左足下がり」などの複合のライもあり、打ち方に悩むことも多いと思います。その際、私の場合はまず、バックスイング側の地面が低いのか、高いのかという左右の傾斜を考えます。次に上下の傾斜を加味して考えます。組み合わせによっては、ボールの曲がりが増長する場合もありますし、相殺されることもあります。いずれのライでも重心の位置を感じながら、バランスのよい安定した構えをして、素振りでクラブの通る場所を確認し、最下点にボールをセットし、コンパクトなスイングを心掛けます。

もし、素振りで右足の太ももに手が当たってしまうなら、右足を下げてクローズドスタンスで構えてみるとか、とにかく自分なりのバランスの取り方を見つけることです。そして、クラブがしっかりと自分の体の前を通るコンパクトなスイングができるようにすることが大事です。

複合のライの場面では、難易度が高くなることから、方向性を重視して、距離を望んではいけません。コースでの経験が必要なショットなので、少々うまくいかなくても落ち込まないことです。

100％を望まない（難易度別対処法）

残念ながら、ナイスショットとスコアは必ずしも結び付くものではありません。スコアカードには、ナイスショットを記入するスペースもありません。

また、ゴルフではスコアがよかったからといって、内容がよかったとは限りません。また、逆の場合もあります。よくプロ同士でラウンドの内容を振り返り話をしますが、スコアはよかったとしても、その中で様々な〝珍道中〟のドラマがあって面白いものです。

アマチュアの方々はトラブルを避けるために、完璧なショット、完璧な内容を求めようとしがちですが、トラブルになったときに、どう対処したらよいかという練習こそがゴルフを上達させます。

そして、常に100％を求めないことが、プレーに余裕を持たせ、最悪の結果を避けるというよい流れにつながります。

アマチュアの方々がコースでスコアメイクに苦労なさっているケースの多くは、その置かれている状況の難易度を理解していないために、よい結果を求めすぎてうまく行かず、さらに深みにはまっていくことです。難易度によっては「脱出だけで大成功!」「そこそこ距離が出れば御の字」などと、納得できる考え方ができるようになれば、次のショットにうまく気持ちが切り替えられ、よい結果へとつながっていくことでしょう。

そこで、全てに完璧を求めないためにも、コースでよく起こりうる状況で、どのように考え対処したらよいかをご紹介しましょう。

あくまでも、私の主観ではありますが、アマチュアの皆さんにとっての難易度もつけてみました。

難易度は「A」(比較的易しい)、「B」(少し注意が必要)、「C」(難しい)、「D」(とても難しい)の4種類に分類してみました。

・朝イチのホールのティーショット(難易度「B」)

朝一番のティーショットは「ドキドキして思いもかけないミスショットになってし

まう」という方もいらっしゃいます。コンペなどで多くの人が見ているとなればさらに緊張します。そういうときこそルーティーンを大切にして、大振りせず「9時―3時」の振り幅を意識して、バランスのよいスイングを心掛けましょう。

・狭いホールのティーショット（難易度「B」）

OBやペナルティエリアなどがある狭いホールのティーショットもなかなか構えづらいものです。

ここで例えですが、「頭の中に白熊を思い浮かべないでください」と言われたとします。きっと皆さんの頭の中には白熊が出てきてしまっていることでしょう。それを消すためには他の物を思い浮かべなくてはなりません。

ショットにおいても同じで、「池に打ちたくないな」ではなく、「左の高い木を狙っていこう」という明確な目標が必要なのです。明確な目標を決めたら、あとはルーティーンを大切にしてショットするのみです。

・ハーフターン後のティーショット（難易度「B」）

昼食を間に挟むことも多いゴルフ。後半のティーショットはお腹がいっぱいで、おまけにほろ酔いなんて方もいらっしゃると思います。

飲酒に関しては私がとやかく言う問題ではないので自己責任でお願いしますが、食事をすると明らかに体の状態も気持ちも変わります。

少し早めにティーイングエリアにきて、体をほぐして、気持ちもプレーに集中しましょう。また、後半は体も疲れてきますので、大振りをせず、バランスのよいスイングを心掛けていきましょう。

・林からの脱出……ただ出すだけ（難易度「A」）

残念ながらショットは林へ――。そんなときは何本かクラブを持っていくとよいでしょう。

林の中でまず見極めるべきはボールのライです。木の根にかかっているなど、スイングの際に障害となるものがないかどうかを確認します。

また、木の下は日当たりが悪く、芝が生えていなかったり、木からの雫で地面が柔らかいこともあります。ダフらないようコンパクトなスイングを心掛け、まずは広いところへの脱出を試みましょう。

・林からの脱出……狙って出す（難易度「C」）

林からしっかり目標を狙って出すには、そのクラブの振り幅に対する、正確な距離、ボールの高さがわからなければなりません。第6章で述べた、スイングプレーンを意識して練習するときの、いろいろな種類のクラブでの距離の打ち分けがこのようなときに生きてくるのです。この練習をしていなければ、勇気をもって後ろを向いてでも広い方に出すべきです。

・ラフからのショット

①ボールが浮いている（難易度「A」）――普通に打って大丈夫です。

②少し沈んでいる（難易度「B」）――少しダウンブローを意識して打ちます。

ショートアイアンを使用します。

③ 深く沈んでいる（難易度「C」）――ウェッジを利用して、クラブを上から入れます。

・ボールの高低を打ち分ける（難易度「B」）

高いボールを打つには基本的にはロフトのあるクラブでショットすればよいのですが、距離がある場合はロフトの少ないクラブでショットする必要があります。アドレスでは目線を高くして構え、通常よりも右足に体重をかけながらショットし、フォローを高く振り抜きます。

低いボールを打つには、基本的にはロフトのないクラブでショットすればよいのですが、木の下を通したり、強い向かい風に対しては様々なクラブでショットすることも必要です。

アドレスでは目線を低くして構えると、左肩が下がり、体重が左にかかります。ボールの位置はいつもよりやや右に置き、ハンドファーストに構え、クラブヘッドを体の回転に沿って低く振り抜きます。

・ボールを曲げて打つ（難易度「C」）

アマチュアの方々なら、基本的にはドローとフェードを打ち分けるような高度な技術はいらず、持ち球の一辺倒で構いませんが、コースで木などの障害物があり、どうしてもボールを曲げないといけない状況が出てくることがあります。障害物を避けるだけのショットであれば難易度「A」ですが、ショットを曲げる練習をしておくことも無駄ではありません。

フックを打ちたいときは、フェースを目標に向けたままクローズドスタンスで構え、ボールをやや右に置きます。そのままスタンスの向きにスイングすると、インサイドアウトのスイング軌道になり、ボールにフック回転がかかります。

スライスを打ちたいときは、フェースを目標に向けたままオープンスタンスで構え、ボールは左足かかと内側の延長線上に置きます。そのままスタンスの向きにスイングすると、アウトサイドインの軌道になり、ボールにスライス回転がかかります。

・バンカー

①あごにボールがある（難易度「C」）

フェースを開き、右足体重で構えます。重力に垂直に構え、右足を軸にして上半身主体に体を回します。ヘッドを鋭角に打ち込み、フォローは取りません。

②目玉（難易度「B」）

クラブのリーディングエッジを使って、砂ごとボールをえぐり出すため、クラブフェースを閉じて、コックを使って鋭角に振り下します。砂の抵抗に負けないよう下半身を安定して構え、グリップ圧も通常より強めにします。このショットはランが出るので、それを計算して打ちます。ピンに寄せるのであれば難易度は上がりますが、脱出だけを考えるなら比較的易しいです。

③傾斜があるバンカー（難易度「B」）

基本的にはバンカーショットの打ち方に傾斜地のショットを加味して打ちます。通常のショットよりも下半身の安定が不可欠で、ボールを上げるためにフェースを開く場合も多いです。その場合は距離が出ないので注意しましょう。

④ 距離のあるバンカー（難易度「C」）

距離のあるガードバンカーは最も避けたいショットの一つです。サンドウェッジのエクスプロージョン・ショットで届かない距離であるならば、アプローチウェッジ、ピッチングウェッジで打つことを考えます。上級者であれば、ボールの位置を変えることによっても対応可能です。まずはコースマネージメントで徹底的に避けること。もしも入ってしまったときはあきらめも肝心です。

・ディボット跡（難易度「B」）

ボールが不運にもディボット跡に入ってしまったら、まずは深さと入った位置をよく見極めましょう。

ボールがディボット跡の真ん中や左側（打ち出す方向）にあって、ボールの手前にヘッドが入るスペースがあれば、少し左足体重で構えて体重移動を抑えて打ちます。

難しいのは、ボールがディボット跡の右側にある場合です。この場合はヘッドの入るスペースがないので、ハンドファーストの度合いを強めて構えます。ボールに正確にコンタクトすることが難しいので、脱出を優先させ、飛距離は望まないことです。

・花道からのショット（難易度「A」）

一番易しいアプローチです。ただし、ボールの行方を気にしすぎるとヘッドアップになるので注意が必要です。

・砲台グリーン（難易度「B」）

使用するクラブのロフトを信じて打つことができれば問題ないのですが、ボールを無理に上げようとしたり、インパクトで緩んだりするとミスショットが出やすくなります。

無理に上げようとせず、よりロフトの少ないクラブでグリーンの手前にワンクッションさせるようにすると、難易度がぐっと下がります。

・グリーン周りからパターを使う（難易度「A」）

パターはご存知の通り、クラブの中で最もロフトが少なくミート率の高いクラブです。

ライが悪くても、ザックリやトップの恐れがありません。

グリーン周りでは、まずはパターでアプローチができるかを考えます。格好悪いと思っている方は意識改革が必要です。

・グリーン周りから転がして寄せる（難易度「A」）

パターが使えないと判断したら、次は転がして寄せることを考えます。なぜなら、高く上げてランを抑えるアプローチよりも、ロフトの少ないクラブを使い、ボールを低く出して転がすアプローチのほうがミスが少ないからです。

・グリーン周りから高いボールで寄せる（難易度「C」）

アプローチに自信のある方で、ライの状態もよければ、ボールを上げてアプローチをすることは難しくありません。グリーンの傾斜やスピードを考え、ボールの落とし場所に集中することが大事です。

以上、いろいろな状況からのショット別対処法をご紹介いたしましたが、いかがでしたか？

アマチュアにもプロにも分け隔てなく、このようなショットを打つ状況はやってきます。ただ、アマチュアの方々は、コースマネージメントができていなければ、プロよりもピンチの状況は多いかと思います。そんなときは１００％を求めず、ショット別対処法で最悪の状況を避ける判断をしてみませんか？

私が考える難易度の高いショットの例を挙げれば、グリーン周りのアプローチで傾斜は左足下がり、グリーンエッジからピンまでの距離が短く、しかも下っていて速い、といった状況でしょうか。コースマネージメントができずにこのような難しいアプローチになってしまったことが一番の問題なのですが、それを悔やんでも仕方がないので、置かれた状況で最善を尽くすことを考えます。

この状況で、フェースを開いて左足下がりの斜面に沿って振り抜いて、フワッと上がるスピンのきいたアプローチが打てれば、さぞかし格好いいことでしょう。

しかしながら難易度は「D」です。失敗する確率もかなり高いです。

そこで、もう少しロフトの立っているクラブで、手前から転がす、場合によってはパターで転がせないかと考えることによって、難易度は下がり、確率も大幅にアップするのです。

このように様々なケースを想像して、そのときのベストな判断を下すのです。いくつかの選択肢を残したまま、迷いながらプレーに入ってもよい結果は望めません。迷いながらプレーをして失敗したときは悔いが残り、その後のプレーにも悪い影響が出てしまいます。

今までスイングや打ち方についてあれこれ考えることが多かったかもしれませんが、コースに出たら、それ以外にもっと考えなければならないことがあることはご理解いただけたと思います。コースではコースの状況、ご自身の技術のレベル、さらに当日の調子のよし悪しなどを把握して、ショットの組み立てを行っていくことが、スコアアップにつながっていくのです。

皆さんもゴルフの基本をおさらいし「脳内整理」ができたところで、コースではその状況でベストな選択をして、ゴルフというゲームを楽しみながら組み立てていってください。

あとがき

振り返ってみれば、将来は何か専門的な職業に就きたいと漠然と考えてはいましたが、まさか自分がプロゴルファーになるとは思ってもいませんでした。家族や友人たちもまた、そんな自分の姿を想像していなかったと思います。

プロテストに合格した頃は、選手として試合で活躍することだけをひたすら願い、「選手をやめるときは、ゴルフをやめるときだ」と思い続けていました。それまでレッスン活動にはあまり関心のなかった私ですが、先輩からの後押しによって受講したティーチング講習会が、私のゴルフというスポーツへの考え方をより深め、さらなる魅力に気付かせてくれました。

プロゴルファーはとても華やかな世界にいるように見えますが、賞金だけで生活できる人はほんの一握りの選手だけです。選手としてのスタートの遅かった私は、なおさら現実と向き合い、将来を見据えなければならない時期でもあったため、この「ティーチング」という専門職との出会いには本当に感謝しています。ティーチングプロとして、大好きなゴルフの仕事に今なお関われていることは大変有難いことであり、本当に幸せなことだと感じています。

ゴルフは生涯スポーツです。自然の中で、気の合う仲間たちと運動しながら一日を過ごすという、高齢になってからも楽しむことのできる素晴らしいスポーツです。私自身も含め、多くの皆さま方が、少しでも長く、健康的にゴルフを続けることができればと願っています。

本著でも触れました通り、溢れる情報の中から、自分にとっての最適な情報を上手く取捨選択するためにも、とにかく「基本の大切さ」をご理解していただきたいとの思いで書き進めました。あまり難しく考えずに、一度ご自身の「脳内整理」をしていただければと思います。ゴルフを愛する皆様方の、よりよいゴルフライフに少しでもお役に立てれば幸いです。

プロ生活も今年で19年目となります。ゴルフを通じて本当に多くの皆さま方と出会うことができました。今回このような書籍を執筆させていただく機会に恵まれたことも、ゴルフを愛する皆さま方とのそのようなご縁のおかげであります。常日頃より、所属先をはじめ、多くの皆様方からのお力添えによりプロ活動をさせていただいていることに深く感謝するとともに、これからも自己研鑽に励み、少しでも多くの方々にゴルフの楽しさを伝えていけるよう努力していく所存です。

２０２０年3月　永野千秋

【著者略歴】
永野千秋（ながの・ちあき）
東京都目黒区出身。サトーホールディングス株式会社所属。慶應義塾大学法学部政治学科卒業。高校時代まではバレーボールに打ち込んでいたが、大学入学と同時にゴルフ部に入部。卒業後、三越（現・三越伊勢丹）に就職するも、一念発起でプロを目指す。2002年8月9日プロテスト合格（第74期生）。05年にステップアップツアーの「ＡＮＡプリンセスカップ」で初優勝を飾る。11年にはティーチングプロフェッショナル資格を取得し、現在はＡ級資格、ジュニアゴルフコーチ資格を持つ。

慶應大学法学部卒女子プロが教える
ゴルフ「脳内整理」メキメキ上達術

2020年４月24日　初版発行

著者　　　永野千秋
発行人　　鳥飼　寛
発行所　　株式会社　財界展望新社
　　　　　〒101-0054　東京都千代田区神田錦町２－９
電話　　　03（3294）5651
　　　　　FAX　03（3294）5677
　　　　　URL http://www.zaiten.co.jp

装丁　野澤デザイン事務所
撮影　清水 健
ヘア&メイク
資生堂ビューティートップスペシャリスト　角谷智恵
印刷・製本所　株式会社　技秀堂
衣装提供　***Orobianco***®／撮影協力　ロッテ葛西ゴルフ

ISBN　978-4-87934-028-3